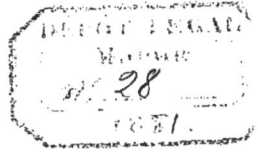

SOUVENIRS

DE

DEUX VOLONTAIRES

A L'ARMÉE DE LA LOIRE.

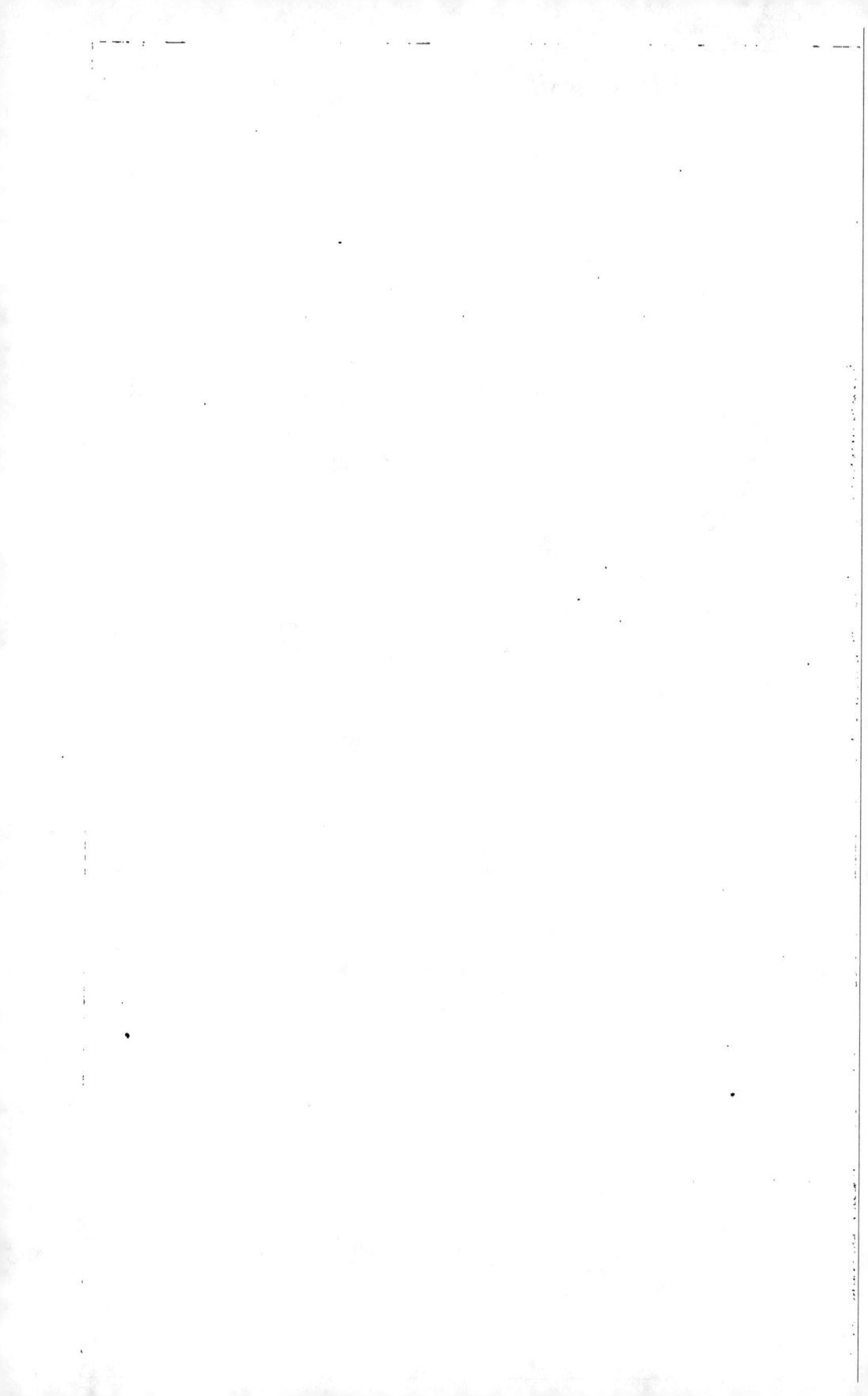

SOUVENIRS

DE DEUX

VOLONTAIRES

A L'ARMÉE DE LA LOIRE.

PAR E. MARTIN.

CHALONS-SUR-MARNE

IMPRIMERIE T. MARTIN, PLACE DU MARCHÉ-AU-BLÉ, 50.

—

1871

AU LECTEUR.

Ainsi que beaucoup de mes camarades le faisaient autour de moi, j'avais composé, durant la campagne de l'armée de la Loire, un journal des évènements dont j'étais le témoin. Mais ces notes écrites au crayon ont été perdues. Ce ne sont donc aujourd'hui que des souvenirs que j'offre au lecteur ; souvenirs vivants encore, on peut le croire, et toujours fidèles.

Ce récit devrait commencer au jour où mon frère et moi, nous nous sommes engagés à la mairie de Troyes ; mais je n'aurais guère que des souvenirs de caserne à raconter, et j'aime mieux renvoyer au 101ᵉ de Noriac, avec qui le personnel du 95ᵉ de ligne avait plus d'une ressemblance.

SOUVENIRS

DE

DEUX VOLONTAIRES

A L'ARMÉE DE LA LOIRE.

I

Départ d'Auxerre. — Toucy. — Saint-Fargeau. — Bonny. —
Mer. — Le camp.

Je me souviendrai toujours de l'enthousiasme avec lequel
notre bataillon du 95ᵉ de ligne accueillit l'ordre de quitter
Auxerre. Où allait-il ? on n'en savait trop rien. Il devait
prendre le chemin de fer à Bonny, dans le Loiret, à trois
étapes de là. Mais c'est tout ce que pouvaient assurer les mieux
informés. Au-delà de Bonny, c'était l'inconnu. Les plus sensés
pensaient que nous étions destinés à faire partie de l'armée de
la Loire, qui venait de s'illustrer par la victoire de Coulmiers
et la reprise d'Orléans ; d'autres soutenaient que nous allions
nous embarquer à Rochefort pour être transportés à Calais
et incorporés à l'armée de Bourbaki. Les chefs nous disaient
qu'en route nous pourrions bien rencontrer l'ennemi et nous
avaient distribué à chacun nos 90 cartouches. Le plus grand

nombre ne s'inquiétaient que d'une chose, c'est qu'on allait partir, et que l'on quittait enfin cette affreuse gare aux marchandises d'Auxerre, où nous étions cantonnés depuis quatre mortelles journées, où, enfumés comme des harengs, nous avions passé quatre nuits sans sommeil, et qui nous avait fait regretter les délices de notre petit camp aux portes de la ville. Délices fort contestables aux yeux de toute personne qui n'imagine pas qu'on puisse éprouver un bien vif plaisir à dormir sous une tente-abri qu'au réveil vous trouvez couverte de neige, mais délices qui n'en étaient pas moins réels. Le camp avait succédé à la caserne; et la caserne, perpétuellement consignée, c'était l'esclavage; le camp, c'était la liberté; je ne dis pas cela pour les malheureux réduits par leur destinée au rôle de caporal de semaine.

Nous avons passé sous la tente, en plein hiver, quelques-unes des bonnes nuits de notre vie. On n'imaginerait rien de plus poétique, de plus frais, de plus charmant que la clarté de la lune tamisée par une toile de tente. Si la pluie tombe, on ne saurait se figurer quel doux bruit, harmonieux comme celui des rames sur le lac de Lamartine.

Donc le 16 novembre au matin, nous quittions Auxerre. Pour tous autres que de jeunes soldats pleins d'ardeur, cette entrée en campagne eût paru lugubre : la pluie tombait à torrents, le Champ-de-Mars, où l'on nous fit patauger plusieurs heures, était un lac de boue. Mais qu'importe? La population était là, qui nous accompagnait de ses vœux et qui, avec nous, entonnait la *Marseillaise* et *le Chant du départ*. — Et moi qui avais entendu les mêmes chants, les mêmes cris de joie poussés par nos soldats au début de la guerre, revenu de tous ces enthousiasmes, songeant combien vite la douleur avait succédé à cette joie, je me sentis ému au milieu de ces transports; le cœur gonflé, j'eus peine à retenir mes larmes.

C'est ainsi que se firent les premiers kilomètres; et cependant la pluie avait cessé comme par enchantement; un soleil radieux éclairait ces gais paysages de l'Yonne, où tout semble inviter au bonheur.

Nos jeunes soldats, appartenant presque tous à ce département, se redisaient les uns aux autres le nom des villages que nous apercevions semés dans la plaine. De temps à autre, l'on en voyait quelques-uns quitter la colonne et se diriger en courant vers l'un de ces villages. Les chefs fermaient les yeux ; ils savaient bien que les fuyards reviendraient. Ils se seraient reproché de mettre obstacle à ce dernier adieu au pays.

Vers le milieu de la marche, le soleil de novembre paraissait bien ardent à ceux qui, pour la première fois, cheminaient le sac au dos, le fusil à l'épaule, l'étui-musette en bandoulière, la giberne bourrée de cartouches ; mais à tout moment quelque ruisseau chantait sur le bord de la route et l'on puisait à plein quart son eau pure et limpide.

Ainsi fîmes-nous les deux premières étapes, accueillis à notre arrivée comme des enfants dans la maison paternelle. Toucy, St-Fargeau, les soldats de notre bataillon se rappelleront vos noms avec bonheur ! Que le hasard vous adressât chez le pauvre ou chez le riche, tous les billets de logement étaient bons. Pour mon compte, je me souviens d'une petite maison de garde-chasse située en plein parc du château de Boisgelin, à St Fargeau. A défaut du chant des oiseaux que les premiers froids de novembre avaient mis en fuite, ce furent les aboiements d'une meute de cinquante chiens qui nous réveillèrent. Dans la chambre, des cors de chasse, des fusils de toute sorte et de tout calibre, des couteaux, des poires à poudre, nous firent croire un moment qu'endormis pauvres troupiers, nous nous réveillions gentilshommes chasseurs. Les plus entraînants récits du marquis de Foudras me revinrent en mémoire, et je me répétai les vers de Musset :

> Assez dormir, ma belle ;
> Ta cavale isabelle
> Hennit sous tes balcons.
> . . . .
> . . . .

Vois bondir dans les herbes
Les lévriers superbes,
Les chiens trapus crier.
En chasse et chasse heureuse,
Allons, mon amoureuse !
Le pied dans l'étrier.

Mais hélas ! le son du tambour fit écrouler cet échafaudage de rêveries et nous rappela à la réalité.

Au-delà de Saint-Fargeau, le pays change d'aspect : des plaines immenses et tristes succèdent aux collines de l'Yonne. Nous entrions dans le Loiret. Et puis, à mesure qu'on approchait de l'ennemi, les routes, coupées de place en place, nous forçaient à de longs détours à travers les terres labourées, détrempées par la pluie. Plus d'une fois, les voitures du régiment, enfoncées jusqu'au moyeu, faillirent rester embourbées dans des chemins dignes de la Basse-Bretagne. Le morne aspect du pays a-t-il quelque influence sur l'esprit des habitants ? Il faut bien le croire. Ce n'était plus, en effet, le même accueil qu'aux précédentes étapes. Les habitants de Bonny furent maudits par nos soldats pour leur inhospitalité autant qu'avaient été acclamés ceux de Toucy et de Saint-Fargeau.

Pour la première fois, à Bonny, nous aperçûmes la Loire, large et triste fleuve, qui ne vaut pas sa réputation. Ah ! ce n'était pas le Rhin, au cours rapide et majestueux ! Ce n'était même pas la Seine, riante, amoureuse des collines verdoyantes !

Le lendemain de notre arrivée à Bonny, on nous entassait dans un train de chemin de fer. Pour notre compte, nous étions relégués, avec nos escouades, dans un fourgon à bestiaux qui devait nous retenir pendant vingt-quatre heures sans désemparer, ne nous laissant même pas le loisir de mettre pied à terre de temps à autre. Il était environ huit heures du matin, quand le sifflet de la locomotive donna le signal du départ. La vue des pays que nous traversions était médiocrement faite pour nous égayer. De loin en loin, la

ligne se rapprochait des bords de la Loire et nous apercevions,
sur les hauteurs de la rive opposée, des villages et des villes
dont la plus importante était Sancerre. C'était du reste au
juger que nous nommions les localités ; le train, à son départ,
avait mis le cap au sud, et nous emportait du côté de Nevers. Nevers même fut dépassé. Le hasard avait voulu que je fusse placé
en face du tambour de la compagnie, et le malheureux sa-
luait de ses *ra* et de ses *fla* chaque station, chaque train qui
passait. J'en avais les oreilles rompues. Plus d'une fois, il
nous arriva de croiser des trains chargés de troupes qui se
dirigeaient vers le nord. Ces chassés-croisés ne laissaient pas
que d'exciter en nous une profonde admiration pour la merveil-
leuse intelligence de l'administration française, qui imposait
aux troupes venues du sud d'immenses trajets pour les masser
auprès de Gien et Montargis ; et nous qui avions été aux
portes de ces dernières villes, on trouvait plus commode de
nous faire exécuter ce trajet en sens inverse. C'était là le commencement de ces faux mouvements sur lesquels nous devions
bientôt être blasés.

A Saincaize, au sud de Nevers, changement de direction.
A ce moment, la nuit était venue ; chacun s'arrangea du
mieux qu'il put pour la passer le plus commodément possible, et c'est ainsi que, plongés dans l'obscurité la plus profonde, nous traversâmes (nous le sûmes seulement le lendemain) Bourges, Vierzon et Orléans. Au petit jour, nous étions
à Blois ; mais, comme si le train, trop rapidement lancé, eût
dépassé son point d'arrêt, on nous fit rétrograder sur Mer,
entre Blois et Orléans.

Je cherchais vainement de tous mes yeux, et j'ai cherché
depuis, cette Touraine qu'on nous a tant vantée ; je ne voyais
à droite et à gauche que des plaines sans caractère.

A Mer, il nous fut enfin permis de sortir de notre prison
roulante, meurtris, fourbus et avides d'aspirer l'air pur
à pleins poumons. A notre grand regret, nous tournâmes
le dos à la ville et l'on nous dirigea vers une plaine étendue

où la paille éparse çà et là, des trous creusés dans le sol, des pierres calcinées, des feux éteints, tout indiquait les traces d'un campement. Nous succédions en effet à d'autres troupes qui avaient habité ces parages peu agréables. Chargés comme ils l'étaient, les soldats enfonçaient dans la boue jusqu'à la cheville, et c'est là pourtant qu'il nous fallut dresser nos tentes. J'ai toujours éprouvé une vive admiration pour l'ingéniosité de nos soldats. Dans cette plaine sans fin, où il semblait qu'il n'y eût ni paille, ni bois, où l'eau brillait par son absence, nos hommes eurent bientôt découvert la paille pour notre logement, l'eau et le bois nécessaires à nos cuisines en plein vent.

Du reste, l'interdiction de nous rendre en ville fut bientôt levée, sinon par l'ordre des chefs, du moins du fait des soldats eux-mêmes. Cette pauvre ville de Mer n'était elle-même qu'un vaste campement. L'artillerie, la cavalerie, plus favorisées que l'infanterie, remplissaient ses rues et sa vaste place. Nos yeux, bien vite habitués à de pareils spectacles, ne savaient plus y voir ce pittoresque qui frappe les badauds et qui attirait autrefois les foules au camp de Châlons.

II

Ce qu'était un régiment de marche. — Le 51ᵉ. — Le colonel T.... — Notre entrée à l'état-major. — Le général de Rouvre. — M. de Mazenod. — L'entrée en campagne. — La Beauce. — Marchenoir. — Les hussards.

A Mer enfin, nous apprîmes que notre bataillon devenait le 1ᵉʳ du 51ᵉ de marche ; que les deux autres bataillons de ce régiment étaient formés de détachements du 46ᵉ, du 7ᵉ, du 25ᵉ, du 58ᵉ de ligne, venus de tous les points de la France. Il y en avait, comme disaient les soldats eux-mêmes, de toutes les paroisses ;

et l'on comprend le peu de cohésion que devaient présenter de pareils régiments, sans drapeau, sans tradition, sans histoire, où chefs et soldats étaient étrangers les uns aux autres, où l'on n'avait pas cet amour du numéro qui parfois pouvait paraître naïf dans son expression. Gavarni a pu s'en moquer lorsqu'il nous représente un vieux capitaine arrosant ses tulipes en se disant : « C'est égal ! mon régiment était un fameux régiment » ; mais c'est précisément cet orgueil naïf qui constituait l'esprit de corps et qui a fait faire de si grandes choses.

Les cadres du régiment étaient singulièrement composés. L'élite des officiers et sous-officiers de la ligne avait disparu avec les bataillons de guerre, à Sedan et à Metz. Quelques vieux sergents de dépôt, d'autres plus jeunes, échappés à nos honteuses capitulations, des soldats qui, sans la pénurie où l'on était de sous-officiers, n'auraient jamais osé rêver les galons de laine ou d'or, et, à côté d'eux, des engagés volontaires ayant à peine quelques semaines de service, et sans autres titres que leur bonne volonté. De même pour les officiers. A peine y en avait-il un par compagnie, bien que celles-ci fussent en général très-nombreuses. Recrutés un peu au hasard, ils n'avaient pas encore et ne devaient acquérir que plus tard cette influence sur les soldats, cette autorité que donne l'habitude de vivre ensemble et de partager les mêmes fatigues et les mêmes dangers.

Le 51e de marche ainsi formé faisait partie de la 2e division du 17e corps d'armée. Quelques jours auparavant, ce corps n'existait que sur le papier. Sa formation avait été décrétée par Gambetta, et sa composition se ressentait de la rapidité qu'on avait apportée à obéir aux ordres du jeune dictateur. Il comprenait trois divisions d'infanterie et une de cavalerie, avec une forte réserve d'artillerie et un parc du génie. Sa force, que l'état-major général lui-même n'a jamais connue d'une manière bien précise, a pu atteindre une quarantaine de mille hommes, pour s'abaisser, au lendemain de nos désastres, à quinze ou vingt mille combattants.

A l'époque où il allait entrer en campagne, l'armée de la
Loire, dont il faisait partie et qui comprenait en outre le 15ᵉ
et le 16ᵉ corps, avait son quartier-général en avant d'Orléans.
Elle était toujours sous les ordres du général d'Aurelles de
Paladines, le vainqueur de Coulmiers. Placé entre Tours et
Orléans, le 17ᵉ corps recevait à la fois des ordres du ministère
de la guerre et du général en chef, ce qui entraînait bien des
mesures contradictoires. Comme a pu très-bien le dire plus
tard un officier d'état-major, tout le monde commandait le 17ᵉ
corps, excepté le chef du 17ᵉ corps lui-même.

Le lendemain de notre arrivée, nous flânions dans le camp,
lorsque l'adjudant de service vint nous dire que nous étions
mandés par le colonel. Nous nous portons au devant de ce
dernier. M. T..., notre colonel, était avant la guerre simple
capitaine du génie. Devenu chef de bataillon, il avait demandé à passer dans l'infanterie et il avait reçu, avec le
grade de lieutenant-colonel, le commandement du 51ᵉ de
marche. Originaire de l'Yonne, il était connu déjà de quelques-uns de ses subordonnés, ses compatriotes. Homme
aimable, spirituel, excellent dans ses rapports avec le dernier
des soldats, brave de sa personne, jeune encore, il n'avait
pourtant dans ses allures, dans son langage, rien de militaire.
Par la suite, l'occasion se présenta plus d'une fois pour nous
de le revoir dans les villes auprès desquelles le régiment était
cantonné. En entrant chez lui, nous le trouvions à son piano ou
devant une table chargée de livres de littérature. Je crois
bien qu'il lisait plus souvent Rabelais que Folard ou Jomini.

Le colonel nous reçut à cheval, sur le front de bandière.
Il nous annonça, à notre grand étonnement, que nous étions
appelés à l'état-major général du 17ᵉ corps et qu'il était question de nous y attacher comme secrétaires. Nous nous incli-
nâmes devant cette invitation, qui était un ordre. Nous nous
perdions en conjectures, sans pouvoir découvrir comment
l'état-major général avait pu jeter les yeux sur deux simples
caporaux, arrivés au corps sans recommandation, et qui ne

pensaient qu'à faire de leur mieux leur métier de caporal, un dur métier, par parenthèse, où, placé entre les chefs et le soldat, on est comme entre l'enclume et le marteau.

A l'état-major, où nous fûmes immédiatement, après un essai de toilette rendu assez difficile dans cette plaine de boue, nous nous trouvâmes en présence de deux capitaines qui nous firent un accueil assez courtois, et d'un vieux général de brigade que nous sûmes être le chef d'état-major général. M. de Rouvre, c'était son nom, d'abord officier d'état-major, avait longtemps servi dans la gendarmerie ; mais malgré ce que pouvaient avoir de rébarbatif de tels antécédents, rien de plus doux, de plus paternel que son accueil. Auteur d'un *Aide-mémoire de l'officier d'État-major*, M. de Rouvre ne manquait certes pas de connaissances. Mais il était arrivé à un âge où devaient lui faire défaut ces qualités primordiales d'un chef de son grade : l'activité et la décision. N'osant rien prendre sur lui, il laissait carte blanche à ses aides-de camp. Ceux-ci ne se gênaient pas pour l'appeler devant nous *le père de Rouvre*.

Présentés à cet excellent homme, nous attestons vainement la mauvaise qualité de nos écritures, qui ne ressemblaient en rien à celles qu'on exige ordinairement de secrétaires, notre inexpérience du travail de bureau, etc., etc. ; il nous répondit en nous donnant rendez-vous pour le lendemain, jour de départ du 17e corps.

Ce ne fut qu'au sortir du bureau que nous apprîmes d'où nous venait cette faveur.

En même temps que nous, était entré au 95e, comme engagé volontaire, un jeune homme âgé d'environ vingt-sept ans, l'un des riches propriétaires du département de l'Yonne, grand chasseur, bon cavalier, que la garde nationale de sa commune avait pris pour chef, mais qui avait préféré courir les aventures en endossant l'uniforme de simple soldat. M. de Mazenod était petit-neveu de cet évêque de Marseille, devenu sénateur sous l'empire, et mort il y a quelques années. Une

figure martiale, une belle prestance, une force physique remarquable, un courage à toute épreuve, une générosité de
nature qui le portait à ouvrir sa bourse à tous les sergents
besoigneux du bataillon, le faisaient aimer de tous ceux qui
l'approchaient. Il s'était lié avec nous d'une de ces amitiés
vives et promptes, et pourtant durables, que l'on contracte
au régiment. Que de bonnes promenades nous avions faites
ensemble le matin, en attendant le jour, au camp devant
Auxerre ! Nous parlions souvent de Paris où, tous deux,
nous avions passé quelques heureuses années et où nous espérions bien, l'un de ces jours, rentrer victorieux après avoir
vu fuir devant nous les Prussiens.

Lié avec les chefs de notre régiment, secrétaire particulier du
colonel, il lui avait été facile d'obtenir pour nous d'être attachés à l'état-major général. En le remerciant de son inter-
vention, nous ne pensions pas qu'il nous était donné de le
voir pour la dernière fois.....

Le lundi 22, au matin, après avoir fait nos adieux à nos
camarades de tente, nous nous trouvions à l'état-major au moment où le fourgon qui contenait les papiers, les correspondances, et qui était placé sous notre surveillance spéciale,
s'ébranlait pour se mettre en marche. Les divers services qui
suivent ordinairement l'état-major, la réserve du génie, la
prévôté, etc., marchaient avec nous, et l'ensemble ne laissait
pas que de former un coup d'œil assez pittoresque. Les chevaux
de main des généraux et des officiers étaient montés par des
spahis ou des cavaliers de la remonte d'Afrique qui caraco-
laient autour de nous. Perdus au milieu de cette troupe
brillante où nous étions inconnus, nous cheminions assez tris-
tement, regrettant bien un peu les amis que nous laissions au
régiment.

Le paysage n'était pas fait pour ranimer notre gaîté.
Nous étions entrés dans la Beauce. Nous nous dirigions sur un village nommé Marchenoir. La route, mal
entretenue, défoncée par le passage incessant des troupes

et des trains d'artillerie, se déroulait à travers une plaine immense, sans qu'un arbre, un ruisseau, une colline verdoyante vînt réveiller la vue et réjouir le regard. C'était pourtant là le pays dans lequel l'armée de la Loire combattait depuis près de deux mois et dans lequel nous devions soutenir la lutte pendant un long mois encore, avant de l'abandonner définitivement à l'ennemi. Par quel caprice de la destinée ces plaines sans fin de la Beauce, où l'on ne découvre aucun relief de terrain, aucun accident du sol qui puisse servir de position à une armée et auquel un général puisse se cramponner, pour ainsi dire, étaient-elles devenues le théâtre de combats acharnés? Contraste singulier! il nous arriva plus tard de voir céder sans coup férir des contrées où le sol semblait se prêter merveilleusement à la défense. Rejetée de l'autre côté du Loir, notre armée eut à parcourir un pays tout rempli des souvenirs de la guerre de Vendée. L'histoire nous disait comment des poignées d'hommes abrités derrière les haies, postés dans les chemins creux, dans les forêts de pins, sur le bord des rivières encaissées, avaient tenu en échec les armées républicaines de Marceau et de Kléber. Et pourtant de si grands exemples furent perdus!...

Bien qu'il n'y ait pas plus de quatre lieues de Mer à Marchenoir, l'après-midi était déjà fort avancée lorsqu'on arriva dans ce dernier village.

M. de L..., l'officier sous les ordres duquel nous semblions plus directement placés, nous annonça que nous étions mis en subsistance à l'escorte de l'état-major. Celle-ci se composait d'un escadron du 3e hussards.

Au milieu de la disparition générale, ou mieux, de l'effacement progressif des types de l'ancienne société française, j'avais pensé souvent que les types qui donnaient autrefois tant d'originalité et de variété à notre armée devaient également avoir disparu. En un mot, et pour dire vrai, en dépit de M. Scribe, je ne croyais plus aux hussards. Eh bien! je fus agréablement détrompé.

2

Les excellents garçons que nous avions vus dans la ligne ne ressemblaient en rien à ces cavaliers spirituels autant que hardis, gouailleurs et en même temps doués d'une sorte d'élégance native. Leur conversation était semée de contrastes : au moment où il vous semblait avoir devant vous quelque gavroche parisien, vous vous croyiez tout-à-coup transportés dans une réunion de jeunes gens, tels que l'on se figure les mousquetaires de l'ancien régime.

Le chef de notre *popote*, un maréchal-des-logis âgé de vingt-trois ans, dont l'ambition était de devenir porte-fanion du général en chef, était le modèle accompli du hussard. Il avait pour brigadier un jeune homme du nom de Brissac ; je n'ai pu savoir s'il appartenait à la célèbre famille de ce nom ; il en était digne par la distinction de ses traits et de ses manières. Le maréchal-des-logis, comme presque tous ses camarades, était un échappé de Freichswiller et de Sedan, et nous recueillions avidement de leur bouche les détails qu'ils nous donnaient sur les combats auxquels ils avaient assisté.

Habitués à la guerre, mieux que nos jeunes soldats d'infanterie, ils savaient se *débrouiller*. A Marchenoir, leur premier soin avait été de s'emparer d'une maison d'assez belle apparence, abandonnée par ses propriétaires. Ils s'y étaient installés sans scrupule, et sans scrupule aussi, nous l'avouons, nous les avions suivis. Pour le flair, ils auraient rendu des points à un bataillon d'Afrique ; aussi avaient-ils rapidement découvert tout un service de table, ce qui, avec leur habileté culinaire, donnait à l'ordinaire du régiment l'apparence d'un véritable festin. En dépit de la tristesse du séjour, en dépit d'un temps maussade, nous passâmes de joyeuses heures dans cette maison, dont le maréchal-des-logis nous faisait les honneurs avec une grâce et une désinvolture de grand seigneur.

III

Ecoman. — Convois et convoyeurs. — Le sergent R.... —
Le général Durrieu. — L'incendie de Châteaudun.

Le surlendemain de notre arrivée, il fallut se remettre en marche.

Une pluie diluvienne et qui nous pénétrait jusqu'aux os ne cessa de tomber dans le cours de cette nouvelle étape. L'armée se dirigeait toujours vers le nord. On traversa, sans s'y arrêter, Oucques, petite ville perdue au milieu de cette interminable plaine. Enfin, à quelques kilomètres d'Oucques, une ligne d'arbres se dessina à l'horizon. Bientôt, nous entrions dans une forêt que, je ne sais trop pourquoi, on appelle la forêt de Marchenoir, sans doute parce que Marchenoir en est éloigné de plusieurs lieues.

Là, un spectacle nouveau pour nous nous attendait.

A droite et à gauche de la route, dans des espèces de fondrières et de ravins, à l'abri peu protecteur des arbres, se pressait une population étrange. Vêtus de ces longs manteaux dits *limousines*, le visage à demi-caché sous des chapeaux à larges bords, des hommes étaient accroupis autour de grands feux qui, sous la pluie, remplissaient la forêt d'une fumée épaisse. Auprès d'eux, de maigres chevaux attachés aux arbres broutaient l'herbe rare. La réverbération des feux jetait sur les visages des reflets fantastiques. C'était une scène digne du pinceau de Salvator Rosa ou de la plume de Walter Scott.

Ces hommes, dont nous cherchions à nous expliquer la présence dans la forêt, n'étaient autres que les convoyeurs chargés de transporter les vivres et les provisions de l'armée. Pour la première fois, nous sûmes ce qu'une armée traînait avec elle d'*impedimenta*. Nous devions voir plus tard leurs convois s'allonger sans fin sur les routes ou à travers les plaines. Quelques-uns occupaient l'espace de plusieurs kilomètres et comptaient jusqu'à près de cinq mille voitures. On comprend combien de tels transports alourdissent les mouvements d'une armée, et combien, dans les retraites, l'état-major général doit s'ingénier pour que ces longues files de voitures, qui subissent à chaque instant dans leur marche, pour une cause ou pour une autre, des arrêts assez longs, soient mises hors de danger, et cela, sans que la marche des troupes en soit retardée.

L'état-major ne fut pas toujours heureux, durant cette guerre, dans cette tâche difficile, et souvent les soldats s'apercevaient, au manque de distributions de vivres, que quelque convoi avait été pris. Parfois aussi, dans des retraites précipitées, il arrivait que, désespérant de préserver un convoi des atteintes de l'ennemi, on l'abandonnait aux soldats, qui se gorgeaient de provisions, moyen commode, mais coûteux, de se débarrasser d'un attirail gênant.

Dans une éclaircie de la forêt, nous découvrîmes enfin le petit village d'Ecoman, dont les maisons, irrégulièrement groupées sur la pente d'une colline, le faisaient assez bien ressembler à un village des Vosges. C'est là, dans un petit château situé à droite de la route, que s'établit le quartier-général du 17ᵉ corps. La bibliothèque du château devait nous servir de bureau. Le parc, un joli parc anglais, fut occupé par nos hussards ; plus loin, en avant, dans une plaine basse et marécageuse, fut placée la réserve d'artillerie. Ce dernier emplacement, par parenthèse, nous semblait singulièrement choisi. Outre que les pauvres artilleurs étaient littéralement couchés dans l'eau, nous ne savons trop comment ils auraient pu se tirer de là au cas d'une attaque imprévue.

Une grosse question se présentait à nous, à notre arrivée : le pain manquait à notre *popote*, et la marche nous avait singulièrement ouvert l'appétit. En vain nous offrîmes à des soldats de leur acheter un morceau du pain détrempé par la pluie qu'ils portaient derrière leur sac. Tous, craignant la disette pour leur propre compte, se refusèrent à ce marché. Il ne fallait pas compter sur les auberges, dont les milliers d'hommes arrivés avant nous avaient épuisé toutes les provisions. Heureusement, nous finîmes par découvrir une chaumière habitée par une pauvre femme qui voulut bien partager son pain avec nous et nous faire cohabiter dans sa grange avec les gendarmes de la prévôté.

A ce moment, l'état-major avait fait une nouvelle recrue : c'était un sergent de mobilisés de Loir-et-Cher, joyeux compagnon, fils d'un banquier de Mer, et qui, tour à tour, avait été aspirant à l'école navale, étudiant en médecine, puis clerc de notaire et avocat. Chasseur intrépide, marcheur infatigable, habitué à parcourir, le fusil en bandoulière, les pays que traversait l'armée de la Loire, la guerre pour lui ne semblait être qu'une partie de chasse un peu plus sérieuse et dans de plus grandes proportions. Et de fait, quand nous le voyions marcher devant nous, l'air aussi peu militaire que possible, le nez au vent, les yeux vifs sous ses lunettes, la figure encadrée dans des favoris blonds, la bouche toujours prête à lancer quelques refrains d'étudiant, vêtu d'un par-dessus confortable sur lequel il n'avait pas daigné coudre ses galons de sergent de mobilisés, les jambes emprisonnées dans ses hautes guêtres, il nous représentait le type du jeune parfait notaire quittant un moment pour la chasse ses graves occupations. Il ne manquait qu'un point pour que la ressemblance fût complète : il nous indiquait bien, durant les longues marches que nous fîmes de compagnie, les fermes et les auberges dans lesquelles plus d'une fois il lui était arrivé de terminer par de succulents et joyeux festins ses parties de chasse; mais c'était inutilement que maintenant il allait y frapper avec nous. Les cuisines étaient veuves de leurs casseroles brillantes, les fourneaux éteints, et les habitants pressurés par le passage des deux armées, ne savaient plus que nous dire, avec cet accent

traînant des paysans de la Beauce : « *Las! mes bons messieurs,
nous n'avons pu ren en tout !* » Que de fois cette phrase maudite n'a-t-elle pas retenti à nos oreilles, qu'elles affectaient
douloureusement, en dépit du proverbe que : ventre affamé
n'a pas d'oreilles. Que de fois, impatientés, nos compagnons
et nous, n'avons-nous pas envoyé à tous les diables ces malheureux paysans qui n'en pouvaient mais, nous vengeant de leur
inévitable phrase par cette autre que nous lancions comme
la flèche du Parthe : « Que les Prussiens arrivent chez
vous, et vous saurez bien trouver pour eux des provisions!..»
Ma colère contre ces pauvres gens est tombée, depuis que
j'ai réfléchi par combien de maux ils avaient dû passer
durant cette longue et terrible guerre.

Je reviens à notre sergent. Ses connaissances médicales lui
furent plus d'une fois utiles dans cette campagne. C'est ainsi
qu'à Ecoman, la bonne femme qui nous avait donné l'hospitalité nous ayant montré son enfant, une petite fille de six
à sept ans, atteinte de la petite vérole, notre sergent lui prodigua ses soins et ses conseils, d'autant plus précieux que,
dans ce pays perdu, il ne fallait pas beaucoup compter sur
des secours médicaux. Nous eûmes la satisfaction à notre départ, le surlendemain, de voir un mieux sensible dans l'état
de cette pauvre enfant.

Au château d'Ecoman, nous eûmes l'occasion de voir le
général en chef du 17e corps, M. Durrieu, ancien gouverneur
général de l'Algérie. C'était un grand et beau vieillard qui,
lorsqu'il s'arrêtait un instant, entouré de son état-major, sur la terrasse du château, nous faisait l'effet d'un de
ces burgraves mis en scène par Victor Hugo. A ce moment,
nous ne nous doutions pas qu'il était déjà en complète disgrâce auprès du gouvernement de Tours. On lui reprochait
la lenteur de sa marche vers le Nord. Ce reproche était-il
fondé? nous l'ignorons. Quoi qu'il en soit, il fut remplacé
par M. de Sonis, simple général de brigade, et qui commandait depuis quelques jours la cavalerie du 17e corps. Le gé-

néral Durrieu reçut plus tard le commandement d'une simple division dans l'armée de Bourbaki. Nous avons appris depuis avec regret qu'il était devenu fou à la suite des terribles désastres et des souffrances inouïes qui ont frappé cette armée.

C'est donc, s'il faut en croire ce que nous avons entendu dire à cette époque, avec un jour de retard, que l'armée se mit en marche, le 26 au matin, dans la direction de Château-dun.

Nous avions entendu parler de l'héroïque résistance de cette ville, et de la manière atroce dont les Prussiens s'en étaient vengés et qui les couvrira de honte dans l'histoire. Tout en cheminant, René R..., le sergent dont je parlais plus haut, nous donnait des détails sur l'incendie allumé, de propos délibéré, par l'ennemi pour punir cette ville ouverte de sa résistance ; il nous disait comment, pendant quinze jours, la lueur de l'incendie avait été aperçue à plus de douze lieues à la ronde. Bien qu'ainsi préparés au spectacle qui nous attendait, notre impression n'en fut pas moins vive et douloureuse à notre entrée à Châteaudun. La rue par laquelle nous pénétrâmes dans la ville, n'était plus qu'un amas de décombres. Çà et là, quelques pans de murs restés debout, des façades dont les fenêtres s'ouvraient sur le vide ; de loin en loin, quelque joli détail d'architecture, un balcon finement découpé, épargné par hasard et témoignant de l'élégance de l'habitation dont ils étaient presque les seuls vestiges. Au milieu de tout cela, une population énergique et qui semblait fière du sacrifice que lui avait imposé son patriotisme, occupée à déblayer ces décombres, et prête à recevoir de nouveau les Prussiens, comme elle le montra encore depuis.

C'était la première fois qu'il nous était donné de nous trouver en présence de ce qu'on appelle les horreurs de la guerre, et le sentiment de tristesse et d'émotion que nous éprouvions, nous prouvait bien que nous n'étions pas nés guerriers.

Pendant qu'une partie du corps d'armée s'établissait dans Châteaudun, une autre partie, la plus importante, se portait avec l'état-major général au-delà du Loir, à Marboué et aux environs de ce village. Cette fois, nous étions entrés dans un pays dont l'aspect riant et gracieux nous consolait des tristes plaines que nous avions traversées. A ce moment, l'escadron de hussards nous quitta pour rentrer à son corps; mais pénétrés des excellents principes qu'il nous avait inculqués, nous nous logeâmes près de l'état-major, dans une maison abandonnée et dont la porte fut forcée sans scrupule de l'aveu de nos officiers. La nuit nous fûmes réveillés par un tapage inaccoutumé : c'était le général en chef qui, revenant d'une reconnaissance, était entré sans plus de gêne dans notre domicile. Lui et les officiers qui l'accompagnaient, s'accommodèrent fort bien des restes de notre petit souper de la veille, qui devaient être notre déjeûner du lendemain.

IV

Marches et contremarches. — Mobiles et francs-tireurs. — A la recherche de l'état-major. — Sᵗ-Laurent-des-Bois.

La situation de l'armée de la Loire nous semble avoir été à ce moment des plus brillantes. Elle avait profité d'une faute des Prussiens, qui avaient outre mesure allongé vers l'ouest leur aile droite et qui occupaient Vendôme, semblant menacer le Mans. On put concevoir alors l'espérance de couper cette aile, puis de marcher sur Chartres et de là sur Paris, ou encore de chercher à gagner la Seine vers Mantes, pour donner la main à l'armée du Nord.

C'est dans ce but que le général de Sonis vint attaquer les lignes prussiennes au nord-ouest de Châteaudun, entre Brou et Illiers. Mais il se défia de ses forces, et après un combat dans lequel les zouaves pontificaux, devenus légion de l'Ouest, furent presque seuls engagés et donnèrent des preuves de leur éclatante bravoure, il se replia sur Marboué et se hâta de repasser sur la rive gauche du Loir. Peut-être ce mouvement conçu par le gouvernement de Tours avait-il été en effet, dans le principe, exécuté avec trop de lenteur par le général Durrieu. Les Prussiens, avertis à temps, avaient pu évacuer Vendôme en toute hâte, et se trouver en forces devant nous.

Le 27 novembre dans l'après-midi, la bataille qui semblait imminente depuis quelques jours parut enfin près de s'engager. A une lieue environ au nord de Châteaudun, le corps d'armée se déploya sur la crête d'un plateau d'où l'on dominait la vallée du Loir, et qui fut bordée de batteries d'artillerie. De l'autre côté de cette rivière, sur la lisière des bois qui couvraient les hauteurs, on voyait des détachements de troupes ennemies. Le coup-d'œil était magnifique. En arrière de l'artillerie, dans des plis de terrain, se massait notre infanterie ; plus en arrière encore, la division de cavalerie, hussards, chasseurs, cuirassiers, lanciers de l'ex-garde impériale. Au moment où tout se préparait pour un combat, l'ordre arriva, ordre incompréhensible pour nous, de battre en retraite. L'artillerie seule fouilla de ses boulets les bois où semblait massée l'armée prussienne.

Bien que l'armée française n'eût pas été battue, puisqu'il n'y avait pas eu de combat, nous sûmes alors ce que c'était qu'une retraite, et une retraite exécutée avec des troupes neuves et sans cohésion. Les soldats, d'ailleurs, étaient harassés des marches et contre-marches qu'on leur avait fait exécuter depuis deux jours, et cependant il leur fallut encore marcher une partie de la nuit. C'est ainsi que, décrivant un immense demi-cercle autour de Châteaudun, nous atteignîmes vers onze heures du soir, le petit hameau de La Bourdinière. Pour le vivre, il n'y fallait pas compter ; pour le couvert, nous fûmes heureux de trouver une écurie que quelques chevaux de lanciers voulurent bien partager avec nous.

Le lendemain, faute de distributions, il fallut nous mettre en chasse pour trouver un repas qui comblât les lacunes de la veille. Décidément la lutte contre la faim devenait notre principale préoccupation et donnait naissance à des contrastes singuliers. Ce jour-là, un poulet étique, que nous avions découvert dans une basse-cour du petit village de Saint-Cloud, nous sembla constituer, avec le riz qui nous restait de nos provisions, un festin digne de Balthazar. En gens qui ne sont jamais sûrs de l'heure qui va suivre, *dubia omnibus*, nous étions attablés vers trois heures de l'après-midi. Bien nous en prit : le même jour, à quatre heures, l'ordre arrivait de partir. Bien des marmites furent renversées ce jour-là par suite de cet ordre imprévu.

Nouvelle marche de nuit. Après avoir essayé d'une pointe vers le nord, l'armée française était décidément en pleine retraite ; nous étions retombés dans ces éternelles plaines de la Beauce. Saint-Cloud, Membrolles, Ozoir-le-Breuil furent traversés tour-à-tour. Au bruit des pas pressés de l'infanterie et du roulement des voitures et des canons, quelques habitants se montraient effarés sur le seuil de leurs maisons, se demandant si cette masse sombre qui s'avançait était une colonne française ou prussienne. Engagés, comme nous l'étions, sur une seule route, la marche subissait à chaque instant des arrêts plus ou moins longs qui lui étaient imposés par la lenteur du convoi. On parlait d'une attaque des hulans, qui, ne pouvant avoir la prétention d'enlever un convoi aussi considérable, avaient néanmoins jeté le désordre parmi les convoyeurs et s'étaient retirés emportant de précieux renseignements sur la marche du 17e corps. Vers le milieu de la nuit, — une nuit épaisse où à chaque pas on était menacé de perdre sa route, où des régiments entiers s'égarèrent et errèrent pendant plusieurs heures à travers la plaine, — nous rentrâmes dans la forêt de Marchenoir, à quelques lieues à l'est d'Ecoman. Au jour, on marchait encore. Epuisés de fatigue, nous nous étions jetés vers six heures du matin sur quelques bottes de paille pour nous reposer ; lorsque nous nous réveillâmes, la colonne entière avait dépassé le village de Verdes, où nous nous trouvions. Heureusement le sergent R... connaissait le pays, et d'ailleurs la longue file de traînards nous eût, à défaut d'autre indication, montré le chemin.

La mobile surtout fournissait son contingent de traînards. Dans l'infanterie, au moins, un reste de discipline avait survécu à nos désastres : il répugnait au soldat, même pressé par la faim, de quitter le rang et de s'exposer à passer plusieurs jours à la poursuite de son régiment, au risque d'être recueilli par la prévôté et remis sur son chemin entre deux gendarmes. Les mobiles n'avaient pas de ces scrupules. On les voyait, dès qu'une ferme ou un village s'apercevaient à droite ou à gauche de la route, s'y diriger par bandes de cinq ou six. C'est ce que nos soldats d'infanterie appelaient d'un air goguenard : « se déployer en tirailleurs. » Mais qu'importaient aux mobiles les plaisanteries ?

Arrivés au village où l'on devait passer la nuit, nos fantassins, s'ils entraient dans les maisons, trouvaient toujours la place prise au foyer. Un mur épais de mobiles groupés autour du feu, devant lequel souvent ils passaient des journées entières, empêchait les nôtres de réchauffer leurs membres engourdis par le froid. Souvent il en résultait des disputes entre soldats et mobiles, et les chefs avaient de la peine à rétablir le bon ordre.

Moins disciplinés encore que les mobiles, les francs-tireurs voltigeaient sur le flanc de l'armée, et, mieux qu'eux encore, possédaient l'art de bien vivre. Au début de la formation du 17e corps, les compagnies de francs-tireurs abondaient autour de nous. Il en venait du nord, il en venait du midi ; tous coiffés de l'inévitable chapeau tyrolien, à la plume de coq, la ceinture bardée de poignards et de révolvers, la carabine sur l'épaule, ils regardaient de haut les pauvres fantassins de la ligne.

Mais dès les premiers coups de canon un peu sérieux, ils se dispersèrent comme une nuée d'oiseaux. Je ne sais à quelle armée ils allèrent porter leurs services, mais on ne les revit plus. Je dois faire cependant exception pour les éclaireurs algériens, — sorte de spahis, aux ordres du commandant Laroche, et qui entendaient les reconnaissances à la façon des hulans, — et pour les éclaireurs de la Gironde, escadron composé de jeunes gens équipés à leurs frais, montés sur de magnifiques chevaux qu'ils ne craignirent pas d'exposer à toutes les fatigues, et qui rendirent de grands services comme plantons d'état-major.

Un fait, au reste, qui donnera une idée de la douceur et de la facilité du service dans les corps de francs-tireurs, c'est que, lorsqu'il arrivait à un chef de ne pouvoir venir à bout de l'esprit par trop insubordonné d'un de ses hommes, il suppliait en grâce notre état-major de le faire passer dans la ligne. Devenir soldat de la ligne, avoir des chefs sérieux et auxquels on était tenu d'obéir, était pour un franc-tireur la punition suprême.

Il ne faut certes pas se hâter de juger cette armée d'après la retraite de Châteaudun. Il y avait parmi ces jeunes soldats un fonds réel de courage dont ils donnèrent plus tard des preuves à Patay et à Origny ; nous le répétons, ce qui manquait, c'était l'organisation. Le 17e corps et les régiments qui le composaient avaient été pour ainsi dire improvisés, et vouloir improviser des armées, c'est lutter follement contre la force des choses.

Nous n'insisterons donc pas sur ce pénible sujet ; nous dirons seulement que la ville de Beaugency, sur le bord de la Loire, vit en deux jours affluer chez elle près de quatre mille soldats débandés, appartenant au 17e corps et qui demandaient à tous les échos de la route des nouvelles de leurs régiments. Grâce à l'activité des états-majors et de la prévôté, cet état de choses, qui pouvait devenir fatal, fut promptement réparé. Les isolés furent ramenés à leurs corps et l'armée eut quelques jours de repos.

Je reprends mon récit.

Nous étions donc en route de Verdes sur Binas, chef-lieu de canton du Loir-et-Cher, où nous supposions que se trouvait l'état-major général. A Binas, notre déjeûner consista en une jatte de lait, la seule nourriture que pût nous offrir la localité, et un morceau de pain que des soldats de notre régiment, rencontrés par hasard, partagèrent avec nous. Mais nous éprouvâmes une déception : l'état-major avait traversé Binas sans s'y arrêter et s'était dirigé, nous disait-on, sur La Colombe, village distant de deux ou trois lieues. Il fallut nous remettre en route. De loin en loin, des coups de fusil retentissaient dans la plaine. Etait-ce le feu de quelques isolés aux prises avec les hulans ? N'était-ce pas plutôt quelques maraudeurs demandant à la chasse une nourriture qu'il était difficile de se procurer autrement ? nous l'ignorons. Enfin, nous traversons La Grandière et nous arrivons à La Colombe. Là, l'état-major était inconnu. A force de courir aux informations nous apprenons que nous nous sommes trompés de chemin et qu'à St-Laurent-des-Bois nous trouverons enfin ce que nous cherchons. L'inutilité de notre poursuite nous avait jetés dans une sorte de découragement et, après avoir tenu à nous trois, le sergent et nous, une sorte de conseil de guerre, nous résolûmes, pour en finir, de louer une voiture et de gagner ainsi Saint-Laurent-des-Bois. La journée s'avançait, et nous aventurer sans guide dans ces plaines où les chemins sont à peine indiqués, c'était risquer de nous égarer et de nous jeter dans les lignes prussiennes. Trouver une voiture n'était pas chose facile ; mais le sergent R... qui, pour employer l'expression de Murger, aurait trouvé des truffes sur le radeau de la *Méduse*, joignait à ses qualités celles de diplomate. Il parvint à découvrir, je ne sais trop comment, un guide, un cheval et une voiture. Nous n'eûmes pas à nous repentir de notre résolution.

Le paysan qui nous conduisait, bien que du pays, se trompa plus d'une fois sur le chemin ; il nous fit passer par des fondrières où le cheval enfonçait dans la boue jusqu'au poitrail ; mais, en fin de compte, il parvint à nous déposer à l'entrée de Saint-Laurent-des-Bois. Il était nuit noire et l'on ne distinguait pas à deux pas devant soi.

Bercé par le mouvement de la voiture, je m'étais un moment, en approchant de St-Laurent, laissé aller à une illusion qu'il me coûta de voir s'évanouir. L'horizon était, sur un espace considérable, éclairé par une multitude de feux qui auraient pu faire croire qu'on approchait d'une grande ville ; il me semblait voir le boulevard des Italiens dans sa splendeur, bordé de cafés étincelants de lumières. C'était une sorte de mirage auquel mon imagination se complaisait. Ces lumières n'étaient autres que celles des camps qui entouraient St-Laurent-des-Bois. C'était là qu'étaient groupées les divisions du 17e corps. Plus d'une fois, dans le cours de cette campagne, la même illusion se reproduisit lorsqu'il nous arrivait le soir, après une longue route, de nous approcher d'un camp. Les semaines se suivaient sans qu'il nous fût donné de voir autre chose que quelques tristes villages, et la nostalgie des grandes villes s'emparait de nous.

Nous découvrîmes enfin, chez le maire du village, le logement de notre état-major. Les officiers n'eurent pas trop l'air de s'être aperçus de notre retard, bien qu'ils eussent appelé dans la journée, pour faire fonctions de secrétaires, deux jeunes soldats du 48e de marche. D'ailleurs, notre sergent, avec un aplomb imperturbable, se mit à leur débiter, d'un air d'importance, quelques renseignements précieux que nous avions pu recueillir en route ; bien plus, il fit remarquer que les abords de St-Laurent-des-Bois étaient mal gardés (ce qui était parfaitement vrai), et indiqua tel point où un poste était nécessaire pour prévenir toute attaque. Chose étonnante, ses remarques furent bien accueillies et il fut déclaré par les officiers qu'on en tiendrait compte.

Pour achever une journée si bien commencée, comme on l'a vu, sous le rapport des vivres, l'un de nous découvrit chez l'épicier du village quelques pauvres harengs qui devaient être l'unique ressource pour trois appétits formidables. Le fait suivant donnera une idée de l'accueil que le soldat recevait dans certains villages : il nous fut impossible, à St-Laurent-des-Bois, de découvrir une seule auberge dont le maître voulût bien nous accorder au feu une petite place pour la cuisson de notre maigre pitance. En fin de compte, il nous fallut emporter la position de haute lutte et nous emparer d'un coin du foyer, sans écouter les imprécations de l'aubergiste et de ses maritornes.

V

Le général de Sonis. — Nouvelle marche en avant. — Coulmiers. — Sainte-Péravy. — Combats devant Patay. — Mort de M. de Mazenod. — Le général de Bouillé. — Le général de Sonis blessé et fait prisonnier. — Patay évacué.

Nous avions trouvé asile pour la nuit dans un grenier ouvert à tous les vents et qui était de plain-pied avec une petite chambre occupée par le général de Sonis. Pendant les deux nuits que nous passâmes à Saint-Laurent-des-Bois, il semble que M. de Sonis n'ait pas pris un seul instant de repos. Toujours la lumière brillait dans sa chambre ; à tout moment il appelait ses aides-de-camp pour expédier des ordres ; nous l'entendions aller et venir d'un pas inégal qui témoignait de l'impatience de son esprit.

Colonel de spahis au moment où la guerre avait éclaté, connu déjà par de brillants faits d'armes en Afrique, M. de Sonis avait en vain sollicité un commandement à l'armée du Rhin. Il ne vint en France, avec le grade de général de brigade, qu'au moment de la formation du 17e corps, dont il commanda pendant quelques jours la division de cavalerie.

Agé d'environ 45 ans, mais ne les paraissant pas, grand, la taille bien prise, d'une belle et martiale figure que rehaussait une forte moustache noire, il y avait, dans l'attitude générale de son corps, je ne sais quoi d'embarrassé et d'indécis. Il semblait vivre dans un besoin perpétuel de mouvement. Comme ces anciens Gaulois qui ne pouvaient supporter de coucher sous un toit, il ne se sentait complètement à son aise que lorsqu'il s'élançait à cheval à la tête de son escorte, faisant lui-même le service des reconnaissances, courant vingt fois le risque de se faire enlever par les hulans. Le commandement en chef lui pesait ; il l'avait accepté par dévouement, et il en était digne ; mais ses regards tristes et un peu sombres, quoique empreints de bonté, indiquaient un homme qui a fait le sacrifice de sa vie. L'esprit frappé des malheurs de la France, M. de Sonis ne cherchait plus qu'à mourir. « Je me condamne à mort, avait-il dit dans une lettre admirable, publiée plus tard, et qu'il écrivait à la veille de prendre le commandement du 17e corps ; c'est à Dieu seul de me faire grâce. » On verra plus loin comment il se tint parole.

La noble et sympathique figure de M. de Sonis était de celles qui plaisent aux soldats. Aussi, bien que son passage au commandement ait été très-rapide, son nom resta populaire parmi eux et comme synonyme de bravoure et d'intrépidité.

Le 30 novembre nous quittions Saint-Laurent-des-Bois. L'armée française était un peu reposée de ses fatigues, les isolés avaient rejoint. D'ailleurs on marchait de nouveau en avant, et cela seul eût suffi pour rehausser le moral des troupes.

Le 17e corps laissait sur sa gauche et en arrière, pour occuper la forêt de Marchenoir, une division tout entière composée de marins et qui, sous le commandement de l'amiral Jaurès, était le noyau du 21e corps, alors en formation.

Nous nous dirigions vers le nord-est. Après avoir traversé Chantôme, Ouzouer-le-Marché, etc , villages portant, dans beaucoup de leurs maisons incendiées ou détruites, les traces de la guerre, nous arrivions à Coulmiers, petit village qui avait eu le privilége de donner son nom à l'une des rares victoires remportées par la France dans le cours de cette funeste campagne. L'état-major s'installa dans un château dont le parc témoignait encore par ses arbres abattus ou coupés en deux par les obus, par ses murs crénelés et, sur plusieurs points écroulés, de l'acharnement de la lutte qui s'y était engagée le 9 novembre. Les cinq secrétaires (car notre nombre était porté à cinq depuis l'adjonction des deux jeunes soldats du 48e dont nous avons parlé plus haut) furent accueillis de la façon la plus hospitalière chez le jardinier du château. Sa femme surtout, gracieuse sans être belle, était pour nous remplie de prévenances. C'était la première fois que pareil accueil nous était fait depuis le commencement de la guerre. On ne saurait croire combien nous en fûmes touchés. Les pauvres gens ne pouvaient nous offrir comme logement qu'un peu de paille dans un mauvais grenier, et qu'une place au feu pour nos aliments ; mais il ne nous en fallait pas davantage. Avec les seules provisions que nous touchions à la réserve d'artillerie et qui étaient invariablement le riz et la viande, la jeune femme trouvait moyen de nous composer des mets succulents. Tout en acordant l'hospitalité à tout venant, elle nous avait réservé la principale pièce de son appartement. N'y entrait pas qui voulait ; il fallait pour cela d'abord connaître le mot d'ordre que nous avions inventé et qui pourra paraître original : *France et cuisine*. La part y était faite, on le voit, à l'appétit comme au patriotisme. Nous n'avions livré ce mot qu'à un maréchal-des-logis des éclaireurs de la Gironde, joyeux compagnon, attaché comme nous à l'état-major.

Nous n'eussions pas mieux demandé que de séjourner quelque temps à Coulmiers. Le travail de bureau dans le salon du château ne manquait pas d'attrait, et, il faisait si bon se retrouver le soir au coin du feu, dans la petite maison du jardinier ! Mais le lendemain de notre arrivée, vers six heures du soir, on reçut l'ordre de se porter en avant. Nous étions au 1er décembre. Depuis quelques jours un froid très-vif se faisait sentir. Ce temps se prêtait admirablement à une campagne. Les hommes, il est vrai, en souffraient quelque peu, surtout au moment de se mettre en marche ; une bise âpre pinçait douloureusement les oreilles et semblait vouloir en faire jaillir le sang ; la main qui tenait le fusil était bien vite engourdie par le froid ; mais, en revanche, on marchait presque sans fatigue. Seuls, les cavaliers étaient réellement à plaindre. Forcés de rester à cheval durant de longues heures, nous nous étonnions qu'ils pussent y tenir aussi longtemps. Et de fait plusieurs moururent littéralement de froid.

A défaut de la lune, les feux innombrables des camps, qui achevaient de s'éteindre après le départ des troupes, éclairèrent notre marche pendant quelque temps. Mais c'était par une nuit des plus sombres que nous atteignîmes, vers onze heures du soir, Sainte-Péravy, dont le vaste château, appartenant à M. de Guercheville, devait servir d'asile à l'état-major. Nous eûmes bien vite découvert, au deuxième étage, une chambre qui nous convenait parfaitement et sur la porte de laquelle l'un de nous traça pompeusement à la craie : *Appartement de MM. les secrétaires de l'état-major.* C'était trop de joie ! la destinée ne voulait pas qu'il fût dit que nous coucherions dans des lits pendant la campagne. A peine avions-nous terminé l'inventaire de la chambre et essayé d'en faire disparaître les traces du passage des Prussiens ; à peine avions-nous fait main-basse, dans les autres chambres, sur quelques matelas sur lesquels nous espérions achever la nuit, que tout-à-coup il fallut se remettre en marche.

Nous apprenons alors que le 16e corps, sous les ordres du général Chanzy, avait lutté toute la journée en avant de

Patay et qu'il fallait nous hâter d'aller le soutenir. Du reste, malgré ce qu'il y a toujours de lugubre dans une marche de nuit, la confiance s'était réveillée dans tous les cœurs. Le bruit s'était répandu, et nos officiers d'état-major eux-mêmes y ajoutaient foi, que le général Ducrot, après être sorti heureusement de Paris, avait battu les Prussiens et s'était avancé jusqu'à Fontainebleau. De là à prendre à revers l'armée contre laquelle avait lutté le général Chanzy et que nous allions attaquer à notre tour, il n'y avait pas loin. Les Prussiens semblaient donc à la veille de grands désastres. A l'annonce de cette nouvelle, la joie la plus vive régnait dans l'armée. Encore en ce moment, malgré le temps écoulé, malgré la façon cruelle dont nous avons été détrompés, j'aime à me rappeler ces trop courts instants où il nous fut permis d'espérer.

Lorsque vous lisez le récit de la bataille de Waterloo, votre esprit s'arrête malgré vous à l'un de ces instants suprêmes où l'armée française parut enfin près de triompher. Ce n'est pas Bulow, ce n'est pas Blücher qui apparaissent dans le lointain, c'est Grouchy ; et vous voyez l'armée anglaise acculée à la forêt de Soignes, abandonnée à ses seules forces, écrasée sous l'effort puissant du maréchal Ney...

De même, je me berce encore volontiers aujourd'hui des illusions que nourrissait mon esprit à la veille de la bataille de Patay. Je me représente l'armée de la Loire renversant le rempart que forme devant elle l'armée prussienne, donnant la main aux soldats de Ducrot, et tous ensemble marchant sur Paris où ils apportent la délivrance, puis à la frontière, où ils vengent nos premiers désastres......

Plus tard, hélas! j'appris la vérité : Ducrot n'avait pas dépassé Champigny et avait été rejeté dans Paris ; c'est l'écho de la grande lutte qu'il avait soutenue le 30 novembre qui était venu jusqu'à nous et qui avait donné naissance à nos illusions.

Bien que l'on eût marché presque toute la nuit, et que

l'on fût arrivé à Patay d'assez bonne heure, ce n'est qu'un peu avant midi que le 17ᵉ corps entra en ligne et vint se placer à la gauche du 16ᵉ. La canonnade de la veille recommença dans de plus fortes proportions.

Je n'ai pas la prétention de retracer ici la série d'engagements qui furent livrés du 2 au 4 décembre et qui ont reçu de nos soldats le nom de bataille de Patay. Simple caporal, il ne m'était pas donné d'embrasser la vaste étendue d'un champ de bataille, et maintenant encore j'ignore quelles étaient les dispositions prises par les généraux Chanzy et de Sonis. Retenus au bureau de l'état-major pendant les premières heures du combat, ce ne fut qu'assez avant dans l'après-midi que nous pûmes, profitant de l'absence de tous nos officiers, nous esquiver à deux d'entre nous et, réunis à une compagnie de francs-tireurs, nous diriger vers le champ de bataille. Cette compagnie, forte d'une quarantaine d'hommes, et qui nous tenait lieu de notre régiment dont nous ignorions l'emplacement, cette compagnie, disons-nous, avait pour chef un vieillard à barbe blanche dont la vue nous inspirait beaucoup de confiance. A défaut d'autre indication, les tourbillons de flammes et de fumée qui s'élevaient de quelques villages lui montraient le chemin qu'il avait à suivre. C'est là évidemment que la lutte devait être le plus vive et qu'il pouvait espérer rendre le plus de services. Mais arrivé à un endroit d'où l'on entendait d'assez près le pétillement de la fusillade, il donna ordre de faire halte, sembla de sa lunette d'approche inspecter le champ de bataille et, se retournant vers ses hommes et vers nous : « Je crois, dit-il, que nous ferions bien de regagner Patay. » Sous peine de rester isolés sur le champ de bataille, sans direction aucune, nous n'avions qu'à suivre ce mouvement de retraite.

La journée s'avançait. Déjà de longues files de blessés se dirigeaient vers Patay. Les obus surtout avaient causé de grands ravages dans les rangs de notre armée. A travers les uniformes déchirés, nous apercevions les horribles blessures

qu'ils avaient produites. Les cacolets étaient insuffisants pour
le nombre considérable des blessés ; beaucoup de ces malheureux revenaient à pied, soutenus par leurs camarades. Le
soir arrivé, la ville de Patay n'était plus qu'une vaste ambu-
lance.

Ce ne fut pas sans émotion que nous rencontrâmes dans la
foule quelques-uns de nos camarades du 51e. Il ne nous avait
pas été donné de revoir le régiment depuis notre départ de Mer.
Nous les interrogeâmes avec anxiété sur le sort de nos amis.
Quelle ne fut pas notre douleur en apprenant que l'une des
premières balles avait été pour M. de Mazenod ! Il était mort
en héros. Le 51e venait de débusquer les Prussiens d'un
petit bois ; mais au moment où il en débouchait lui-même, il
fut accueilli par une vive fusillade. Tous, officiers et soldats
se couchèrent ; seul, M. de Mazenod resta debout, continuant
à faire feu avec ce soin et cet amour-propre d'un adroit
tireur. Une balle l'atteignit au front ; tournant sur lui-même,
il tomba à genoux, poussa un râle, et ce fut tout. Ainsi
mourut, obscurément et simplement comme il avait vécu,
un jeune homme qui, préférant à tout le fusil du simple soldat, avait dédaigné de se mêler à cette curée des places et des
honneurs dont le regard était alors attristé et dans laquelle
son nom, sa fortune, ses relations, les qualités qui le distin-
guaient lui eussent permis de tout espérer. Certes, le 51e
de marche avait fait en lui une grande perte ; mais nul ne
déplora plus que nous la mort de M. de Mazenod. Isolés
comme nous l'étions à notre arrivée au corps, privés à peu
près complètement de toutes relations avec notre famille et
nos amis, il avait été pour nous un ami, presque un frère.

Nous étions encore sous le coup de l'émotion que nous
avait causée cette triste nouvelle, lorsque le général de Bouillé
arriva au bureau. M. de Bouillé avait remplacé M. de
Rouvre comme chef d'état-major général du 17e corps, à
notre départ de Châteaudun. Ses manières brusques et im-
périeuses nous avaient plus d'une fois fait regretter cet ex-

cellent M. de Rouvre ; mais M. de Bouillé avait les qualités de ses défauts : la décision, l'activité, le don du commandement.

Entré dans la pièce où nous nous trouvions, M. de Bouillé se mit au bureau pour écrire une lettre. Sa main était agitée d'un tremblement que nous attribuions au froid ; sa figure sévère était contractée. La lettre qu'il écrivait, nous le sûmes plus tard, était adressée à Mme de Bouillé. A peine l'eut-il achevée qu'il se retira dans la chambre qui lui était réservée. Nous avions oublié cet incident ; nous écoutions le capitaine de L... qui venait également d'arriver, et nous recueillions de sa bouche ce qu'il avait vu du combat, lorsque tout à coup, l'ordonnance de M. de Bouillé vint nous dire que le général était blessé à l'épaule d'un éclat d'obus et qu'on allait procéder à une grave opération. Ce tremblement de main du général lorsqu'il écrivait sa lettre nous fut expliqué ; et chacun de nous fut frappé de la fermeté d'âme de cet homme fortement trempé, qui avait dompté jusqu'au dernier moment la douleur qu'il éprouvait. L'opération eut lieu le soir même. Le général ne poussa pas un cri, et quelques instants après, son ordonnance nous montrait l'éclat d'obus, un peu plus large qu'une pièce de deux francs, que le docteur avait extrait de l'épaule. Nous ne revîmes plus M. de Bouillé ; le lendemain, abattu par la fièvre, il quittait l'armée et était remplacé dans ses fonctions par le colonel Forgemol.

Le nom de Bouillé s'était d'ailleurs illustré à jamais dans cette journée. Le général avait aux zouaves pontificaux deux parents qui portaient son nom : Jacques et Fernand de Bouillé, tous deux jeunes, tous deux simples soldats. L'un deux avait été tué, l'autre blessé en soutenant héroïquement le drapeau des zouaves qui, ce jour-là, avait changé quatre fois de main.

Une question était sur toutes les lèvres : qu'était devenu le général de Sonis ? Personne ne pouvait le dire ; le bruit courait qu'il avait été tué ou blessé ; on l'avait vu, durant le combat, s'exposant comme un simple soldat et semblant affronter la mort.

Ce ne fut que quelques jours après que l'état-major eut enfin de ses nouvelles. Vers la fin de la journée, atteint d'un éclat d'obus à la cuisse, ayant eu son cheval tué sous lui, M. de Sonis et son aide-de-camp, le capitaine de la Gatinerie, blessé à ses côtés, n'avaient pu être secourus au milieu de l'obscurité qui commençait à régner sur le champ de bataille. Abandonnés des amis comme des ennemis, les deux héroïques blessés avaient dû passer la nuit à l'endroit même où ils avaient été atteints, exposés à un froid de plusieurs degrés. Ce ne fut que le lendemain qu'ils furent recueillis par les Prussiens. M. de Sonis dut subir l'amputation. La mort, qu'il cherchait depuis le commencement de la campagne, n'avait pas voulu de lui. Son absence du champ de bataille fut fatale, le lendemain, à notre armée, par le désordre qui s'ensuivit dans le commandement.

En attendant que le gouvernement lui désignât un successeur, ce fut M. Guépratte, le plus ancien des généraux de brigade (le 17e corps ne possédant pas de général de division), qui prit le commandement.

Notre armée avait fléchi en cette journée du 3 décembre, mais elle n'avait pas été vaincue. Le surlendemain 4, le combat recommença vers le milieu de la journée, mais plus rapproché de la ville qu'il ne l'avait encore été. On ne se figurerait pas d'ailleurs l'animation de la ville pendant la matinée, qui était une sorte d'entracte à ce terrible drame. Les cafés, les restaurants étaient envahis. L'on s'y disputait les provisions. L'heureux mortel qui était parvenu à faire main basse sur un gigot de mouton était forcé de le défendre contre des attaques renouvelées. Mais cette effervescence ne dura que quelques heures. Au moment fixé, chacun se trouvait à son poste. La gendarmerie, du reste, était là pour pousser les traînards hors des établissements publics.

Cependant, le combat se rapprochait de plus en plus. Un

moment, nous entendîmes un bruit ressemblant à des détonations sourdes qui seraient parties du jardin de la maison où
se trouvait le quartier-général. Nous descendîmes dans ce
jardin. Il était occupé, ainsi que les jardins avoisinants, par
un bataillon de mobiles, et les soldats étaient en train de
créneler les murs ou de percer des meurtrières. Un lieutenant
de mobiles, s'adressant à notre sergent, lui dit : « Messieurs,
si vous voulez vous joindre à nous.. ..» Nous acceptâmes
avec empressement, et une minute après chacun de nous avait
choisi son poste derrière une meurtrière. De l'endroit où nous
étions placés, on découvrait une vaste plaine. L'armée française se repliait sur notre droite ; à l'extrémité de la plaine,
en face de nous, on découvrait les lignes prussiennes, sur
lesquelles l'ordre fut bientôt donné d'ouvrir le feu. C'était la
dernière résistance de l'armée française, à la fin de cette terrible bataille qui avait duré trois jours. Nous reçûmes à notre
tour l'ordre de nous retirer au moment où les obus prussiens commençaient à pleuvoir sur la ville.

Notre étonnement fut grand lorsqu'en prenant la route
qui devait nous ramener à Sainte-Péravy, nous vîmes que des
lignes entières de troupes n'avaient pas donné et se tenaient
encore en bon ordre, comme prêtes à livrer bataille. C'est
avec tristesse, d'ailleurs, que le 17e corps abandonnait ce
champ de bataille où les quelques régiments qui avaient com-
battu, les zouaves pontificaux, par exemple, le 51e de marche,
les mobiles de Loir-et-Cher, avaient montré beaucoup d'élan
et de solidité.

Le quartier-général s'établit à Gémigny, à deux kilomètres
de Coulmiers. Pour la seconde fois, nous demandâmes l'hospitalité au jardinier du château, et son accueil fut aussi cor-
dial que la première.

VI.

Le général Guépratte. — Ourcelles. — La 2ᵉ armée de la Loire. — M. Gambetta à l'armée. — Combats de Cravant, d'Origny et de Josnes. — Une marche de nuit. — Nous sommes tournés.

Cependant, la situation devenait grave pour le 16ᵉ et le 17ᵉ corps. A la suite de la bataille de Patay, les Prussiens s'étaient portés sur Ormes et avaient complètement coupé les communications entre ces deux corps et le 15ᵉ qui gardait Orléans, et à la tête duquel était resté le général en chef de l'armée de la Loire, M. d'Aurelles de Paladines.

Pour remédier à cette situation, le successeur du général de Sonis, M. Guépratte, que rien d'ailleurs ne semblait prédisposer au commandement d'un corps d'armée, eut une inspiration heureuse. Il songea à se replier sur Blois ; là, il comptait passer sur la rive gauche de la Loire et, libre de ses mouvements, rejoindre à Orléans le 15ᵉ corps. Il prit sur lui de commencer à mettre ce plan à exécution. Nous ne savons quelles influences le firent échouer ; mais à peine une partie du 17ᵉ corps avait-elle atteint la ville de Blois, que l'ordre arriva de Tours de venir prendre position de nouveau au nord de Meung et de Beaugency, c'est-à-dire à peu près à l'endroit d'où nous étions partis au début de la campagne. Cette manœuvre avortée n'eut d'autre résultat que de fatiguer horriblement les troupes.

Le quartier-général du 17ᵉ corps s'établit à Ourcelles ; celui du 16ᵉ, un peu plus au sud, à Josnes. Tous deux furent placés, ainsi que le 21ᵉ, sous les ordres supérieurs du général Chanzy, et ainsi se trouva constituée la 2ᵉ armée de la Loire, séparée de la première par la faute du général d'Aurelles de Paladines. Ce dernier, rejeté sur Orléans, n'avait plus sous ses ordres que le 15ᵉ et le 20ᵉ corps.

A ce moment, M. Gambetta vint passer quelques heures à

l'état-major du général Chanzy. Il nous fut donné d'entrevoir un moment ce jeune homme qui avait assumé sur lui la lourde tâche de sauver la France. M. Gambetta était, dès cette époque, très-discuté et loin d'être populaire parmi nos soldats. Je ne sais ce qu'on pensait de lui à l'état-major du général Chanzy, mais au 17e corps, nos officiers avaient son gouvernement en très-médiocre estime. Pour notre compte, nous voyions alors et nous voyons encore en M. Gambetta un homme rempli du vrai souffle patriotique, et qui ne demandait qu'à renouveler les prodiges de 1793. Il se sentait capable d'être un Carnot dans les conseils, un Merlin de Thionville, un Saint-Just, à l'armée. Mais tout lui fit défaut à la fois, les hommes, les choses et le temps. Il lui manquait d'ailleurs quelques-unes des qualités de l'homme d'Etat, et des plus importantes. Son entourage était détestable et composé d'aventuriers. Il croyait qu'on pouvait improviser des généraux, et les choix les plus baroques ne l'effrayaient pas. Il faisait un commandant en chef d'un simple capitaine d'état-major, M. Crémer, à qui cette élévation subite tournait la tête ; il donnait une division à commander au rédacteur en chef de la *Liberté*, et le ministère de la guerre à un ingénieur des mines. Ces choses-là avaient réussi en 1793, elles devaient échouer en 1870. Les évènements ne se recommencent pas ; le tort de M. Gambetta est de ne l'avoir pas compris.

La voiture où se trouvait le jeune dictateur suivait une route bordée d'une double haie de soldats qui accouraient pour le contempler. Mais le seul sentiment qui les dominait était la curiosité banale des foules devant un personnage célèbre. Nos soldats étaient jeunes, mais le malheur les avait déjà rendus sceptiques. Malgré les phrases pompeuses de l'ordre du jour composé par le général Chanzy à l'occasion de cette visite, l'impression qu'elle causa ressemblait fort à l'indifférence la plus absolue.

La lutte, qui avait cessé le 4 décembre au soir, reprit le 8

avec plus d'acharnement que jamais. Le malheureux village
de Cravant, à une lieue en avant d'Ourcelles, fut pris et
repris. Les éclaireurs algériens se distinguèrent notamment
dans cette première journée.

La ligne française formait comme un immense demi-cercle
dont la convexité était tournée du côté de l'ennemi et qui
passait par les villages de Plessis-Prenay, Ourcelles, Origny
et d'autres dont j'ai oublié les noms. La droite (16e corps)
était sous les ordres de l'amiral Jauréguiberry, le centre
(17e) sous ceux du général Guépratte ; la gauche (21e corps)
était commandée par l'amiral Jaurès. L'effort des Prussiens se
porta principalement sur le centre de la ligne française, qu'ils
essayèrent de percer à Origny. La canonnade et la fusillade
retentirent toute la journée avec une intensité dont on ne
peut se faire une idée. De temps à autre, un sourd grince-
ment, qu'on n'oublie plus dès qu'on l'a une fois entendu, se
faisait entendre au milieu de ce tapage effroyable. C'étaient
les mitrailleuses, que nos soldats, avec cette originalité de
langage qui les distingue, avaient surnommées les *moulins à
café*. Habilement postés, nos soldats tinrent toute la journée
et auraient tenu longtemps encore, si les munitions n'avaient
pas manqué à l'artillerie. Celle-ci, qui avait d'ailleurs fait des
pertes cruelles fut forcée de ralentir son feu. Les Prussiens
en profitèrent pour s'établir dans le village d'Origny, dont
la plupart des maisons étaient réduites en cendres, et pour
lancer des obus jusque sur Ourcelles, où se trouvait notre
état-major général. Celui-ci se replia sur Concriers.

Mais le général Chanzy qui, ce jour là se montra d'une
indomptable ténacité, et que cette défaite de Josnes honore
autant qu'une victoire, le général Chanzy ne voulut pas
laisser les Prussiens jouir de leur succès. Au milieu de la
nuit l'état-major du 17e corps reçut l'ordre de se porter en
avant, de s'établir à Plessis-Prenay et d'essayer à tout prix
de reprendre le village d'Origny.

Je me rappellerai toujours notre marche de nuit à travers

ces plaines désolées. En avant, sur notre droite, la lueur des villages incendiés, tout autour de nous les feux des camps français. A tout instant des convois de blessés défilant sur des cacolets ; parfois, sur un de ces cacolets en forme de lit, une masse informe d'où partaient de sourds gémissements ; des voitures de paysans mises en réquisition pour le transport des blessés et dans lesquelles nous vîmes plusieurs de ces malheureux, étendus sur la paille, se tordre sous les étreintes de la douleur. Sur ce sol glissant et durci par la gelée (le froid n'avait jamais été plus rigoureux), il arrivait de temps à autre qu'une mule roulait à terre avec son précieux fardeau. C'étaient alors les imprécations des muletiers se mêlant au gémissement des deux soldats blessés, victimes de cette chute et sur qui le malheur semblait s'acharner. En approchant de Plessis-Prenay, qui n'était plus qu'à quelques centaines de mètres des avant-postes prussiens, notre petite troupe (elle ne se composait que des quatre secrétaires sous les ordres du sergent R...) traversa un champ désert où des feux, symétriquement alignés, étaient allumés de distance en distance.

C'était, nous le supposions du moins, un stratagème pour tromper l'ennemi sur nos forces et lui faire croire à la présence d'un camp français sur ce point.

L'attaque d'Origny eut lieu quelques heures avant le jour ; elle n'offrit pas les difficultés qu'on aurait pu redouter. Les Prussiens n'avaient laissé dans le village qu'une simple avant-garde. Surpris par la brusque arrivée des Français, les soldats qui la composaient eurent à peine le temps de tirer quelques coups de fusil et furent tous faits prisonniers.

Cette réoccupation du village d'Origny était l'annonce d'une troisième bataille pour le lendemain. Mais, à ce moment, de graves nouvelles étaient arrivées, et s'il entrait dans les plans du général Chanzy de renouveler la lutte, c'était moins parce qu'il espérait la victoire que pour préparer sa retraite.

On venait d'apprendre, en effet, que la ville d'Orléans, base des opérations de l'armée de la Loire, avait été prise par les Prussiens. Tout avait été préparé, cependant, en avant de cette ville pour résister à une attaque; on nous parlait de tranchées considérables, de redoutes armées de canons de marine d'une grande portée, d'une flottille de chaloupes canonnières, etc. D'ailleurs, Orléans était couvert par le 15ᵉ corps. Et pourtant tous les préparatifs avaient été inutiles. Après une résistance moins longue encore que lors de la première attaque du 5 octobre, les Prussiens étaient entrés dans la ville et avaient rejeté le 15ᵉ corps sur Vierzon. Nous avons souvent entendu nos officiers s'entretenir de ce désastre d'Orléans; il était resté pour eux inexplicable.

Ce qu'il avait de plus clair pour le moment, c'est qu'il mettait l'armée du général Chanzy dans une situation extrêmement critique. Séparée plus complètement que jamais du 15ᵉ corps, qui était désormais en dehors du cercle de ses opérations, elle ne devait plus compter que sur elle-même. L'avenir se présentait à elle sous les couleurs les plus sombres. Ayant en présence des forces ennemies très-considérables contre lesquelles elle luttait depuis deux jours, elle était acculée à la Loire, dont un espace de trois ou quatre lieues à peine la séparait. Les ponts de Meung et de Beaugency auraient pu lui ménager une retraite. Mais, par suite d'une manie stupide dont les troupes françaises ont souffert dans tout le cours de la campagne beaucoup plus que les Prussiens, et qui consistait à couper les routes, à faire sauter les ponts, etc., cette retraite nous était fermée, les deux ponts n'existaient plus. Les Prussiens ne l'ignoraient pas, et à peine entrés dans Orléans, ils avaient envahi la rive gauche de la Loire, et poussaient sur Blois, ne rencontrant devant eux que de faibles détachements de troupes. Le seul corps un peu considérable qui leur disputât la route, avec plus de courage que de succès, était celui des francs-tireurs de M. de Foudras. La prise de Blois, si elle s'effectuait, devait avoir pour résultat de couper complètement nos communications; notre armée, enfermée entre la Loire et l'ennemi, n'avait plus qu'à mourir ou à se rendre prisonnière. Les simples soldats eux-mêmes, dès qu'ils apprirent la fâcheuse nouvelle, comprirent tout de suite les conséquences funestes que la prise d'Orléans, et bientôt peut-être celle de Blois, pouvaient entraîner pour nous. Notre armée allait-elle, comme celle de Sedan, comme celle de Metz, capituler honteusement et ajouter un désastre de plus à ces désastres sans nom qui depuis cinq mois accablaient la France et qui n'avaient pas d'égal dans l'histoire? Telle était la question que tous se posaient, officiers et soldats.

Le langage de ces derniers surtout était curieux à entendre. Déjà beaucoup d'entre eux, ceux surtout qui étaient originaires des départements qu'on était destiné à traverser pour se rendre en Allemagne, formaient d'un ton moitié plaisant, moitié sérieux, des plans d'évasion d'après la connaissance qu'ils avaient des localités.

On était arrivé à la troisième journée de cette grande lutte. Les Prussiens engagèrent l'action assez tard, en attaquant le malheureux village d'Origny qui, pris et repris tant de fois, n'était plus qu'un monceau de cendres. Ils finirent par s'en emparer et, à la suite de ce succès, marchèrent sur Josnes.

Notre état-major se fixa dans ce village, protégé par des tranchées creusées d'après l'ordre du général Chanzy et dans lesquelles s'établirent nos soldats. Grâce à cet abri improvisé, l'infanterie n'eut que très-peu à souffrir de l'artillerie prussienne. Par contre, nos artilleurs, plus exposés, durent déployer un courage vraiment héroïque pour se maintenir dans leurs positions jusqu'à la fin de la journée.

VII.

Retraite de Josnes. — Aspect de l'armée.

La 2e armée de la Loire et son chef avaient fait leur devoir ; on avait lutté pendant trois jours contre des forces supérieures et qui s'accroissaient à tout instant. Sous peine de subir de plus grands désastres, il fallait se retirer en toute hâte par la seule voie qui nous restât ouverte, c'est-à-dire sur Vendôme. Le général Chanzy ne perdit pas une minute. Dès le lendemain 11, avant le jour, l'armée française était en pleine retraite ; elle marchait en droite ligne, à travers champs.

Mais les saisons elles-mêmes semblaient se liguer contre notre malheureuse armée. La grande période de froid que nous venions de traverser avait tout-à-coup fait place au dégel, et cela à l'instant où l'on s'engageait dans les terres labourées. Que l'on se figure des fantassins, alourdis par le poids de leurs armes et de leurs bagages, s'avançant à travers ces plaines dont le sol profondément remué se dérobait sous les pieds.

Enfoncé dans cette terre grasse et lourde, c'est au prix de mille efforts que l'on parvenait à se dégager, et ces efforts, il fallait les renouveler à chaque pas. De temps à autre, un fossé se présentait qu'il fallait franchir ; les hommes avaient perdu toute leur agilité, et c'est en s'aidant les uns les autres qu'ils arrivaient enfin à laisser derrière eux un obstacle dont, en d'autre temps, ils se fussent fait un jeu.

Les cavaliers, au premier abord, paraissaient avoir moins à souffrir ; mais leur situation n'était guère moins pénible. A chaque instant, les chevaux menaçaient de rouler dans la boue avec leurs cavaliers ; leur marche, rendue difficile et heurtée, était horriblement fatigante, et nous vîmes beaucoup d'officiers mettre pied à terre plutôt que de subir plus longtemps ce supplice.

Le spectacle que présentaient les convois était plus lamentable encore. La longue file de voitures se déroulait à perte de vue et s'avançait lentement à travers la plaine.

Bien que pour la plupart les attelages eussent été doublés, à chaque instant l'une d'elles s'arrêtait, au milieu des imprécations des convoyeurs et des muletiers. Tantôt une voiture, par suite d'un chargement défectueux, versait au milieu de la route ; les autres conducteurs passaient à côté d'elle, sans trop s'inquiéter de savoir ce que deviendrait leur camarade. Tantôt un cheval s'abattait et ne se relevait que sous le fouet. Le plus souvent, à bout de forces, usé par les fatigues de la campagne, il s'arrêtait tout-à-coup, et les cris et les violences ne pouvaient obtenir de lui un pas de plus. Alors on le dételait et on l'abandonnait sur le bord de la route où il achevait de mourir. Mais, pour ces pauvres bêtes, la mort venait lentement. Plus tard, il nous est arrivé, près de nos cantonnements, de passer auprès de quelque malheureux cheval ainsi abandonné. Au bruit de nos pas, il avait parfois la force de se relever, il attendait de nous sans doute un secours que nous ne pouvions lui donner. Puis il retombait, comme si ce suprême effort l'eût épuisé. Plusieurs jours après, repassant au même endroit, nous revoyions le pauvre animal. Il respirait encore ; sa tête, allongée sur le sol, se tournait vers nous.... D'autres fois, poussés par la faim, des soldats ou des convoyeurs, au premier cheval qu'ils rencontraient le long de la route, découpaient sur lui quelque maigre filet, et l'on voyait cette plaie béante, qui semblait appeler les oiseaux de proie.

Telle était cette retraite de Josnes. Moins fatiguée elle-même, l'armée prussienne aurait pu sans grand effort venir à bout de l'armée française.

Mais, chose curieuse, la cavalerie prussienne, tant vantée

et à juste titre, d'ailleurs, qui, pendant toute cette guerre, a fait avec une audace admirée de tous le service des éclaireurs et des reconnaissances, la cavalerie prussienne était, dans les poursuites comme sur les champs de bataille, inférieure à sa réputation. Je sais que le terrain même que nous avions à parcourir, si défavorable à notre retraite, par la fatigue qu'il imposait aux troupes, l'était plus encore à la poursuite. Mais il me semblait que, sous le premier empire, un Murat, un Lassalle, un Montbrun, auraient tout fait pour ne pas laisser échapper une proie aussi belle que l'armée qui se repliait alors sur Vendôme.

VIII.

Arrivée à Villeneuve-Frouville. — Coup-d'œil sur l'état-major. — Le travail des Instructions. — Les officiers à titre auxiliaire.

Le soir, nous atteignîmes Villeneuve-Frouville. Après une longue journée de marche, c'est à peine si nous avions fait quatre lieues, et pourtant nous étions épuisés et à bout de forces. Une nuit de repos devait faire oublier aux soldats leurs fatigues ; mais il n'en était pas de même pour les secrétaires de l'état-major.

Le service avait été assez facile pour eux durant les premiers jours de la campagne. L'arrivée au commandement du général Chanzy vint complètement modifier cette situation. Nous nous en aperçûmes pour la première fois à Ourcelles. Par une belle nuit, nous reposions tous mollement dans une grange, chaudement enfoncés dans la paille ; nous en étions arrivés, à cette époque, à oublier complètement que l'on pût se déshabiller et coucher dans des lits. Ces raffinements de la civilisation nous étaient inconnus. Tout à coup, l'un de nous fut réveillé par la voix aigre d'un planton qui l'appelait à la besogne, lui et ses camarades. Il pouvait être environ minuit

4

Il fallut descendre, à demi-éveillés, l'échelle qui servait d'issue à notre appartement. Nous trouvâmes au quartier-général le chef d'état-major, M. Forgemol, qui se mit à nous dicter les instructions adressées par le général Chanzy, pour la journée du lendemain et dont chaque commandant de division devait avoir une copie. A ces instructions, s'ajoutaient les instructions spéciales du commandant en chef du 17e corps, et qui étaient rédigées sous nos yeux par le colonel Forgemol aidé de son sous-chef d'état-major ; travail ardu et pénible qui durait plusieurs heures et qui indiquait à chaque division d'infanterie, à la cavalerie, à l'artillerie, à la réserve du génie, aux convois, à tous les services enfin, l'emplacement qu'ils devaient occuper le lendemain, et, en cas de retraite, la route qu'ils avaient à suivre.

Depuis lors, il ne se passa pas une seule nuit sans que nous fussions réveillés pour le même objet.

C'est en vain que la fatigue d'une longue journée de marche, comme celle de Josnes à Villeneuve-Frouville, employée tout entière à nous dépêtrer des boues tenaces de la Beauce, nous sollicitait au sommeil, il fallait être sur pied à l'heure dite. En arrivant dans la chambre du colonel Forgemol, nous le trouvions avec le commandant B..., penchés sur des cartes, indiquant les points auxquels chaque division devait s'attacher comme points de repère, à défaut de route, pour la retraite du lendemain. Tâche d'autant plus difficile que, chose à peine croyable et qui démontre bien l'incurie de nos gouvernants, l'état-major manquait de cartes convenables. Ce ne fut que plus tard, pendant le séjour prolongé de notre armée aux alentours du Mans, que les généraux reçurent enfin des cartes du pays, irréprochables sous le rapport de la correction, de la netteté et de l'abondance des détails. Nous rougissons presque de le dire. — mais il faut bien que ces choses soient sues de tous, pour qu'à l'avenir cette incurie qui était une des causes de notre faiblesse pendant la guerre disparaisse complètement, — ces cartes étaient des cartes allemandes. Nous ne possédions qu'une carte générale de France ; elle était faite avec un soin remarquable : aussi nous venait-elle d'Angleterre. Pour remédier à cette insuffisance, l'état-major général, au moment de tracer l'itinéraire du lendemain, appelait parfois à lui le maire ou les personnes notables du village, telles que le curé, l'instituteur, etc. Ce n'est que sur leurs renseignements qu'il procédait à la rédaction des instructions. Tâche difficile, je le répète, puisqu'il faut, à la fois, éviter la dispersion des colonnes sur une trop grande étendue de terrain, ce qui les exposerait à être enlevées par l'ennemi, ou leur entassement sur une seule route, ce qui n'aurait pour effet que de retarder la marche de l'armée.

Ces instructions une fois rédigées, copiées, cachetées, étaient remises aux plantons chargés de les porter à leur adresse. Ces plantons étaient, à l'époque dont je parle, pris dans les lanciers de l'ex-garde.

J'ai toujours admiré comment ces braves gens pouvaient venir à bout des missions qu'on leur confiait. Réveillés brusquement vers une heure ou deux de la nuit, il leur fallait se mettre en selle et se diriger d'après les données très-vagues des officiers d'état-major. Quelques-uns d'entre eux avaient deux ou trois lieues à faire pour gagner les cantonnements de la division à laquelle étaient adressés les ordres dont ils étaient porteurs. Le sous-chef d'état-major leur disait, en leur remettant la lettre : « Je ne sais pas trop quel chemin vous pourriez prendre; dans tous les cas, dirigez-vous *par là* (et il indiquait de la main la direction). Après tout, vous vous informerez en route. » Et le cavalier partait par quelque temps qu'il fît, pluie, vent ou neige, exposé aux désagréables rencontres des hulans. Comment parvenait-il à se débrouiller ? Je ne sais ; mais, au bout de deux ou trois heures, lui et son cheval revenaient, l'un portant l'autre, épuisés de fatigue, couverts de neige et de boue, rapportant le reçu du chef de corps. Et c'était à recommencer toutes les nuits. En quelques semaines, les braves lanciers avaient tous leurs chevaux fourbus; des cuirassiers leur succédèrent, comme ils avaient eux-mêmes succédé aux hussards.

Ce serait ici le lieu de parler de la composition de l'état-major du 17e corps.

Le chef d'état-major général, qui était, à l'époque où nous sommes arrivés, le colonel Forgemol, avait sous ses ordres un chef d'escadron sous-chef d'état-major général et deux capitaines. C'était là la partie vraiment active, utile, éclairée, de l'état-major. Ces officiers suffisaient complètement à leur tâche, à laquelle de longues études les avaient préparés. Malheureusement le favoritisme qui, il faut bien le dire, n'a jamais été plus florissant que pendant la durée du gouvernement de la défense nationale, le favoritisme encombra peu à peu l'état-major d'officiers à titre auxiliaire dont les services nous ont toujours paru fort contestables.

Ce fut d'abord un capitaine de chasseurs d'Afrique qui, au lieu de rester à son régiment, avait trouvé plus commode de se faire détacher près du général Durrieu et des successeurs de ce dernier. Il était censé avoir pour mission d'opérer des reconnaissances; mais lorsqu'il revenait après une promenade à cheval plus ou moins longue, le vague des indications qu'il fournissait démontrait suffisamment qu'il avait jugé prudent de ne pas trop s'éloigner. Brillant officier d'ailleurs, bien fait de sa personne, pour laquelle il avait des soins particuliers.

A côté de lui était un tout jeune homme âgé de dix-sept ans, presqu'un enfant, ou, pour mieux dire, l'enfant gâté de l'état-major. Fils d'un officier fait prisonnier à Sedan ou à Metz, il avait facilement obtenu le grade de sous-lieutenant hors cadres dans la mobile. La campagne ne fut pour lui qu'une longue partie de plaisir. Sa joie fut grande lorsqu'on arriva au Mans; c'était là qu'il avait fait ses études et on le vit, attaché à un grand sabre de cavalerie, rendre visite à ses camarades encore sur les bancs du collége.

L'état-major général comprenait encore deux capitaines à titre auxiliaire ; l'un, ancien officier de la garde nationale de Paris sous le général d'Autemarre, amoureux des splendeurs de l'uniforme ; l'autre, fils d'un grand industriel, ancien élève de l'école centrale et qui se chargeait plus spécialement de la *popote* du quartier-général. Il se décernait à lui-même le titre de cuisinier de première classe.

Enfin, pour achever cette revue, nous vîmes pendant quelque temps, comme attaché à l'état-major, un ingénieur des mines. Ce qu'il y venait faire, nous ne l'avons jamais bien su au juste. Il n'était pas en bonne odeur près de nos officiers qui voyaient en lui une créature de M. de Freycinet, et qui même, nous ajoutons ce détail pour rester fidèle à la vérité, n'étaient pas éloignés de le considérer comme un agent secret de Gambetta, chargé de le renseigner sur leurs faits et gestes.

Si l'on songe que chacun de ces officiers avait son ou ses ordonnances, ses chevaux, ses bagages etc., on se fera une idée de l'encombrement que leur présence ajoutait aux convois de l'armée. Ces parasites de l'état-major, on les rencontrait non-seulement au quartier-général du 17ᵉ corps, mais au quartier-général de chaque division. On les retrouvait plus nombreux encore au 16ᵉ et au 21ᵉ corps.

Pour en finir avec ce sujet que j'ai hâte d'épuiser, il me serait facile de dépeindre la vie tranquille et douce qu'ils menaient, notamment pendant la durée de ces trèves tacites qui suspendaient les opérations militaires. Je citerais comme exemple ce qui se passait quelques semaines plus tard au château de Lépine, près du Mans, où le commandant en chef du 17ᵉ corps avait établi ses quartiers d'hiver.

Le matin, vers neuf heures et demie, MM. les officiers à titre auxiliaire descendaient au bureau, parcouraient d'un œil distrait les rares journaux qui parvenaient à l'état-major, et brûlaient un cigare en attendant l'heure bienheureuse où le capitaine chef de popote venait dire: « M. le

général est servi. » Si le temps le permettait, après le déjeûner, on essayait dans le parc du château quelque cheval
nouvellement acheté ; les uns allaient faire une promenade
au Mans, les autres restaient au château, occupés à quelque
partie de whist. On atteignait ainsi l'heure du dîner ; puis la
soirée se passait au coin du feu, et chacun remontait dans son
appartement avec la conscience du devoir accompli.

Cependant, au milieu de cette vie frivole et désœuvrée, le
général Forgemol et ses officiers d'état-major continuaient
imperturbablement leurs travaux et expédiaient sans mot
dire les affaires du corps d'armée.

IX.

Attaque de nuit. — Départ de Villeneuve-Frouville. — L'histoire
d'un sous-pied de guêtre. — Déjeûner partagé avec le général
Guépratte. — Nous disons adieu à la Beauce. — La vallée du Loir.
— Le château de Lépau. — Cinq secrétaires ennuyés par un général.

J'en étais resté à notre arrivée à Villeneuve-Frouville.
Après être entrés dans une ferme abandonnée, et nous être
emparés d'une salle immense où nous fîmes flamber un feu
d'enfer, il nous fut enfin permis de jeter un coup-d'œil sur
nous-mêmes. Nous eûmes peine à nous reconnaître.

Nos souliers, nos guêtres, la couleur même de nos pantalons, disparaissaient sous une épaisse couche de boue. Une
partie de la nuit fut consacrée à un nettoyage général,
l'autre, au travail des instructions. Enfin, vers deux heures
du matin, nous commencions à reposer un peu, lorsque nous
fûmes réveillés en sursaut par l'arrivée d'un gendarme qui
venait annoncer à l'état-major que les Prussiens s'étaient
emparés d'un petit village à deux kilomètres en arrière de
Villeneuve-Frouville et qu'ils avaient fait prisonniers les
soldats qui s'y trouvaient. Déjà le bruit courait que les

Prussiens étaient en marche sur Villeneuve. Informations prises, il ne s'agissait que de la brusque irruption d'une soixantaine de hulans qui, en effet, avaient ramassé un nombre assez considérable de traînards. Mais l'avertissement n'en était pas moins précieux. Au jour on se mit en marche, par des plaines semblables à celles de la veille.

Nous cheminions péniblement à travers ces plaines monotones ; de loin en loin à peine échangions-nous une parole. Les chansons qui naguère encore égayaient nos joyeuses étapes, avaient cessé de se faire entendre. C'est dans de semblables moments que l'on maudit la guerre ; l'on ne voit plus en elle que ce qu'elle a de triste et d'horrible, cherchant en vain ce qu'elle peut avoir de grandiose. Pour la première fois, nous connûmes le *mal du pays* qui, par moments, dans le cours de cette campagne, se fit sentir à nous avec une douloureuse intensité. On songe alors, pendant les fatigues des marches, à la famille, aux amis, aux douceurs de la vie passée...

Un accident vint tout à coup interrompre le cours de mes pensées, un de ces accidents qui ne sont rien dans la vie ordinaire, mais qui dans certaines circonstances, prennent de sérieuses proportions.

Vous vous souvenez de cette jolie scène du *Roi des montagnes*, où le jeune savant allemand prisonnier d'Hadji-Stavros raconte sa tentative d'évasion. « Je cours toujours sans savoir où je vais. Un fossé se présente... Je saute ; je suis sauvé ! mes bretelles cassent, je suis perdu ! »

Il m'arriva quelque chose de semblable ; les sous-pied de mes guêtres vinrent tout-à-coup à se rompre. C'était le seul lien qui retenait à mes pieds mes pauvres chaussures, usées par un mois de marches et de contremarches. Sur une route ordinaire l'accident eût été peu de chose. Dans ces terres profondément labourées, c'était pour moi la marche rendue presque impossible. A chaque pas mes souliers, devenus sandales par un long usage, menaçaient de m'abandonner et de rester enfouis dans le sol. Des soldats à qui le même accident était arrivé, n'hésitaient pas et marchaient pieds nus. Je n'osai me résoudre à cette extrême détermination. Cependant la colonne défilait toujours et je voyais le moment arriver où le dernier soldat m'aurait dépassé, lorsque je m'avisai de remplacer mes sous-pieds par les courroies de mon sac. Grâce à cette heureuse inspiration, je pus dès lors marcher d'un pied léger et attendre patiemment le jour où le gouvernement aurait la générosité de me pourvoir d'une nouvelle paire de chaussures, ce qui n'eut lieu que vers le milieu de janvier. Jusque-là combien de marches nous devions fournir encore !

Vers midi, nous pouvions avoir fait environ trois lieues ; nous étions à moitié chemin de l'endroit fixé pour l'établissement du quartier-général. Arrivés à un petit village dont j'ai oublié le nom, nous étions entrés dans une auberge et occupés à en dévorer les dernières provisions, lorsque tout-à-coup la salle fut envahie par le général Guépratte et son état-major. Il ne restait plus rien dans l'auberge, pas même un morceau de pain. Pendant que quelques-uns des officiers parlementaient avec l'aubergiste, d'autres jetaient un regard d'envie sur les rillettes de Tours qui composaient notre unique plat. Enfin, l'un d'eux, un officier du génie, se détacha du groupe et vint nous demander si nous voulions accorder un peu de notre pain au général Guépratte. On comprend qu'il y aurait eu plus que de la mauvaise grâce de notre part à refuser.

A la sortie du village, la route, — car désormais nous suivions une route, — s'élevait en pente douce ; le pays se couvrait d'arbres de plus en plus nombreux qui annonçaient les forêts que nous allions bientôt traverser. Nous pouvions dire adieu à la Beauce ; l'armée française ne devait plus y rentrer. Nous n'avions aucun regret de quitter ce pays ; mais en y arrivant vers la fin de novembre, nous n'aurions jamais cru qu'après l'avoir traversé dans tous les sens nous finirions par l'abandonner enfin à l'ennemi. Désormais nous ne devions plus connaître les marches en avant ; le reste de la campagne n'allait plus être, pour l'armée de la Loire, qu'une série de retraites.

Pour le moment, heureux de marcher sur un terrain solide et qui ne se dérobait pas sous les pieds, nous gravissions d'un pas léger des pentes tantôt boisées, tantôt couvertes de vignes. La tentation était trop forte pour nos soldats : on les vit s'écarter de la route et pénétrer sous bois, en dépit de la surveillance des officiers. Bientôt de fréquentes détonations nous prouvèrent qu'ils se livraient à une chasse active. Ce jour-là, plus d'une marmite servit à accommoder les restes d'un lièvre ou d'un lapin, sorte de mets qu'elle n'était pas habituée à contenir dans ses flancs. Arrivés au sommet des hauteurs, un magnifique paysage se déroulait sous nos yeux. Derrière nous, des forêts épaisses qui semblaient descendre doucement pour aller se perdre dans les plaines de la Beauce ; sous nos pieds, une pente presque abrupte qui conduisait à la vallée du Loir. Cette jolie rivière, que nous avions déjà vue à Châteaudun, roulait capricieusement entre deux lignes de hauteurs, enfermant parfois dans ses anneaux des îles couvertes de saules et de peupliers. Sur les collines de la rive opposée, nous aperçûmes plusieurs châteaux parmi lesquels devait se trouver celui de Lépau, que le général Chanzy avait désigné pour recevoir l'état-major du 17ᵉ corps, et qui est situé à deux lieues au nord de Vendôme. Par une pluie battante nous traversâmes la vallée du Loir, large d'environ deux kilomètres en cet endroit, et nous arrivâmes au château, ou plutôt à ce qui devait être un jour le château de l'Epau. C'était en effet une habitation en cours de construction qui avait bien, il est vrai, sur la maison de Balzac, l'avantage de posséder un escalier, mais qui attendait encore les portes et les croisées. Nous n'étions pas embarrassés pour si peu et nous jetâmes notre dévolu sur une chambre du premier étage. Quelques planches fermaient à

volonté les fenêtres ; une toile de tente nous servait de porte ;
des bottes de paille, rangées en demi-cercle autour de la che-
minée, étaient pour le moment nos canapés, en attendant
qu'elles nous servissent de lit. Notre cuisine, faite en colla-
boration, s'annonçait parfaitement, et la marmite placée sur
le feu commençait déjà à faire entendre un bruit harmonieux,
cher à nos oreilles ; nous devisions gaîment, oublieux des
fatigues de la journée, insouciants du lendemain, lorsque
le général Guépratte entra tout-à-coup. L'infortuné général
était en quête d'un logement dans ce maudit château ouvert à tous les vents et qui semblait couver des nuées de
rhumatismes ; l'aspect confortable de notre appartement le
tenta. Oublieux du petit service que nous lui avions rendu
dans la journée, et sans écouter les protestations de son fils,
charmant garçon d'une vingtaine d'années, le général Guépratte nous ordonna de déguerpir. Il n'y avait pas à répliquer ;
mais nous eûmes soin, avant de monter au second étage, de
remettre les choses en bon ordre, c'est-à-dire d'enlever les
planches qui calfeutraient les ouvertures, d'éteindre soigneu-
sement le feu, de prendre avec nous notre toile de tente, de
tout faire, en un mot, pour rendre la chambre aussi inhabi-
table qu'auparavant, petite vengeance fort excusable, assu-
rément.

Mais nous n'étions pas au bout de nos peines. Le lendemain le général vint nous relancer au second étage ; il avait,
en effet, un nombre assez considérable d'officiers à loger, et
force nous fut de déguerpir de nouveau. Il ne nous restait
plus d'autre asile que le grenier, et nous dûmes nous en
contenter.

X.

Éventualité d'une bataille. — Retraite sur Saint-Calais et le Mans. —
Influence fâcheuse exercée sur les troupes par notre approche de
cette ville. — Nos impressions à notre arrivée au Mans. — Notre
existence à l'état-major. — Les distributions de vivres.

On séjourna plusieurs jours au château de Lépau. Tout le
monde croyait une bataille imminente ; les instructions elles-
mêmes du général Chanzy la faisaient pressentir. Elles van-
taient l'excellence de la position occupée par l'armée de la
Loire, qui était, en effet, l'une des plus belles que nous eussions vues jusqu'à présent. Dérobées à la vue de l'ennemi
sur les hauteurs boisées de la rive droite, notre infanterie
et notre artillerie eussent rendu très-difficile sinon impossible aux Prussiens un passage de vive force. Le 21ᵉ corps,
qui avait couvert notre retraite et qui, plusieurs jours
durant, habilement conduit par son chef, l'amiral Jaurès,
avait défendu brillamment la forêt de Marchenoir, à Moret
et à Freteval, le 21ᵉ corps, disons-nous, venait de prouver
que les Français aussi savent au besoin faire la guerre de
bois. Peut-être le général Chanzy jugea-t-il son armée trop
fatiguée après la retraite qu'elle venait d'opérer ; le nombre
des traînards en effet avait été considérable, ce qui affaiblissait singulièrement les corps. Quoi qu'il en soit, on laissa les
Prussiens border sans coup férir les hauteurs de la rive
gauche, à tel point qu'ils pouvaient à volonté envoyer des
boulets jusqu'au château de Lépau, et que les communications de notre quartier-général avec Vendôme devenaient
très-périlleuses par la route qui suit le bord de la rivière et
qui était battue par leur artillerie.

Un soir, un peu avant la nuit, une série de détonations
se firent entendre : c'était les ponts du Loir que l'on faisait sauter. Ces détonations étaient le signal de notre départ.

En effet on se mit en marche pour Epuisay. Après la faute
de n'avoir pas défendu cette magnifique vallée du Loir, on
commit celle de laisser à Vendôme des troupes en trop petit
nombre pour prolonger quelque temps la résistance. Un
bataillon du 51ᵉ de ligne et le 10ᵉ bataillon de chasseurs à
pied se distinguèrent en disputant cette ville aux Prussiens ;
le général Chanzy porta à l'ordre du jour de l'armée le fait
d'armes, d'un capitaine du génie qui, avec sa compagnie,
avait repris à l'ennemi une batterie dont il s'était em-
paré.

À Epuisay, où nous arrivâmes dans la nuit, nous eûmes
peine à trouver un logement. L'état-major s'installa dans
l'école du village, ce qui donna lieu à une scène assez ori-
ginale. Au moment de rédiger et de dicter les instructions,
le sous-chef d'état-major général se plaça dans la chaire de
l'instituteur. Au lieu de l'auditoire habituel des écoliers, on vit
se ranger, le long des tables, des officiers d'état-major et des
caporaux d'infanterie. Les bambins eussent été fort étonnés
sans doute du coup-d'œil que présentait la salle d'école. Les
instructions dictées, le bureau se transforma en chambre à
coucher, c'est à dire que l'on s'étendit à même sur les tables
ou sur le plancher.

D'Epuisay, où, quelques heures après notre départ, eut
lieu un très-vif combat d'arrière-garde, on marcha dans la
direction de Saint-Calais ; mais l'état-major n'alla pas jusqu'à
cette ville et s'arrêta au petit village de Marolles.

Le pays que nous venions de parcourir s'accentuait à
chaque pas, la route gravissait des rampes de plus en plus
fortes à mesure qu'on approchait de Saint-Calais. La petite
rivière de Braye, fortement encaissée entre des hauteurs boisées, était d'autant plus facile à défendre que son cours était
grossi par les pluies. Le général Chanzy ne cessait pas dans ses
instructions de vanter l'heureuse disposition de ces contrées,
des plus favorables à une série de batailles défensives. Peut-
être fut-il, en effet, tenté plus d'une fois de prendre position

et de faire face à l'ennemi. Mais il se défiait de sa jeune armée qui n'était pas encore remise des journées de Patay et de Josnes et dont le moral était affaibli par des retraites successives. C'est là la seule explication que l'on puisse donner de l'abandon sans combat de positions formidables qui semblaient des champs de bataille désignés à l'avance.

Le dimanche 18 décembre, par un temps magnifique, le 17ᵉ corps traversait Sᵗ-Calais. Noyée sous ce flot d'hommes et de chevaux, cette jolie petite ville n'était pas pour le moment un séjour bien agréable. Cependant, avec la permission d'un de nos officiers, nous y demeurâmes quelques heures. Une volupté bien rare pour le soldat en campagne nous y attendait : à la vue d'un établissement de bains, nous ne pûmes résister à la tentation de rafraîchir nos corps fatigués de ces marches incessantes. Pendant que nous goûtions les délices du bain, qui nous ramenaient en pleine civilisation, la servante de l'établissement, avec beaucoup de bonne grâce, faisait à nos vêtements des reprises d'une urgence extrême. Dès cette époque, nos pantalons, que, malgré nos instances, le gouvernement (pour parler comme les soldats), ne consentit jamais à remplacer, ne se soutenaient plus qu'à force d'artifices sans cesse renouvelés. Leur tendance perpétuelle à se séparer de nous a été un de nos grands soucis dans le cours de la campagne.

Plus tard, il arriva que, dans les cantonnements, les officiers passèrent la revue des effets pour prendre note de ceux qui étaient devenus hors d'usage On plaçait les hommes sur un rang ; le chef du régiment passat devant chacun d'eux et chaque soldat, relevant les basques de sa tunique ou de sa capote, devait étaler au grand jour les blessures qu'un trop long usage avait faites à son indispensable. Les scènes les plus grotesques résultaient de cet examen ; les officiers riaient à gorge déployée de l'attitude gauche des hommes ; c'était pour eux une partie de plaisir à laquelle beaucoup d'entre nous se refusaient à contribuer. Pour nous, nous hésitâmes toujours à payer d'une scène ridicule un pantalon neuf. Mais je me hâte de quitter ce sujet qui a dû effaroucher la pudeur de mes lectrices.

Le soir, nous rejoignions à Bouloire le quartier-général et nous eûmes de la peine à découvrir l'auberge où il s'était fixé. La journée avait été heureuse pour nous. En route, nous avions rencontré le 51e de marche, et un sergent de nos amis nous avait remis une lettre qui, échappée au naufrage des autres correspondances, nous donnait des nouvelles de notre famille. C'étaient les dernières que nous dussions recevoir jusqu'aux premiers jours de mars.

Notre séjour à Bouloire n'eut absolument rien de remarquable. On quitta cette petite ville pour aller s'établir à St-Hubert, sorte d'auberge isolée sur la route, à quelques lieues du Mans. Le pays que nous traversions en ce moment ressemblait assez à certaines contrées de la Champagne : à droite et à gauche de la route, de grandes forêts de pins dont la verdure, à cette époque de l'année, était douce au regard. On approchait du Mans, et l'attraction de cette grande ville, qui semblait promettre enfin à nos soldats le repos, produisait un funeste effet sur les troupes et avait je ne sais quelle puissance désorganisatrice. On voyait alors, en dépit des postes de gendarmerie établis de loin en loin sur la route, et chargés d'arrêter les isolés, des bandes nombreuses de soldats se diriger vers le Mans, qui semblait pour eux la terre promise. C'était ce qu'un de nos officiers appelait les traînards en avant.

Les habitants du Mans virent ainsi défiler devant eux, durant plusieurs jours, des soldats de l'aspect le plus misérable, les vêtements couverts de boue ou en guenilles, les figures hâves et amaigries, les regards tristes et semblant implorer la pitié. La plupart, la tête couverte de leur bonnet de coton sordide, sous leur képi dont ils avaient en outre rabattu la coiffe sur les oreilles, auraient donné l'idée de soldats d'hôpital. Telle était, pour ainsi dire, l'avant-garde de cette armée de Chanzy, qui avait été si brillante un moment avant Patay, qui avait, à Josnes encore, fait noblement son devoir, et que le moindre succès remporté sur l'ennemi eût transformée au point de lui faire accomplir de grandes choses.

A son tour, le 17ᵉ corps traversa le Mans et vint prendre position en arrière de cette ville, l'état-major se fixant au château de Lépine. Le 16ᵉ et le 21ᵉ furent placés en avant, aux environs de Pontlieu. Bien que la saison fût éminemment favorable à des opérations militaires, l'armée était tellement désorganisée, qu'il fallut passer plusieurs jours avant de pouvoir débrouiller ce chaos. Chaque jour la gendarmerie amenait à notre quartier-général des bandes d'isolés au nombre de vingt ou trente. Nous les rangions sur une seule file et nous indiquions à chacun d'eux l'emplacement de son régiment. Après quinze jours de repos, le nombre des isolés qui nous arrivaient ainsi était toujours aussi nombreux.

Cependant, et à part l'irremédiable tristesse qui nous venait de la défaite, ce n'était pas non plus sans une grande satisfaction personnelle, que nous avions atteint et traversé le Mans. Nous ne laissâmes échapper aucune occasion de visiter cette ville, dont le panorama, qui nous semblait grandiose, se déroulait à nous des fenêtres de nos mansardes. C'était, à proprement parler, la première ville qu'il nous fût permis de visiter depuis notre départ d'Auxerre, et les moindres choses y étaient pour nous l'occasion de jouissances infinies. Je ne sais pourquoi un petit restaurant situé auprès de la halle, sur une vaste place, prenait pour moi des airs confortables qui me faisaient songer à Paris. Vivant pour ainsi dire en sauvages depuis plus d'un mois, on ne saurait imaginer l'effet produit sur nous à la vue des toilettes élégantes des femmes qui venaient contempler d'un œil à la fois curieux et craintif cette avalanche d'hommes, de chevaux, de canons et de voitures. Nous aurions tout donné, à ce moment, nous aurions jeté au vent nos uniformes, pour une petite soirée bourgeoise, au coin du feu. Nous avions soif de ces relations sociales qui, en temps ordinaire, semblent incommodes et fastidieuses, et dont on voudrait briser les mille liens qui vous étreignent.

Grande fut donc notre joie d'être accueillis comme des amis, chez un artiste que nous avions vu plus d'une fois à Châlons et qui, au Mans, avait été la providence des Châlonnais réfugiés dans cette ville dès le début de l'invasion.

C'est ainsi que s'écoulait à ce moment notre vie, assez paisiblement. Malgré l'accalmie qui avait succédé à l'agitation des dernières semaines, le général Chanzy ne passait pas une nuit sans élaborer ces longues instructions qui faisaient notre supplice. Il avait le goût de la phrase, qui ne déplaisait pas au gouvernement de Gambetta. Il lui était revenu que le dictateur goûtait particulièrement les rapports de deux généraux, ceux du général Billot et les siens ; aussi nous inondait-il de sa prose. A cette époque, d'ailleurs, si le 17e corps se reposait de ses fatigues, il n'en était pas de même des troupes situées de l'autre côté du Mans. A gauche et au nord, le général Cathelineau livrait de vifs combats aux environs de Montmirail ; au centre l'amiral Jaurès et ses marins, précédés des éclaireurs algériens, disputaient à l'ennemi Bouloire et Saint-Hubert, et menaçaient de lui reprendre St-Calais, l'infortunée petite ville que les Prussiens avaient, nous ne savons pourquoi, pillée de la manière la plus odieuse. Enfin, sur la droite, le général Jouffroy-d'Abbans se distinguait par une série d'opérations qui nous ont toujours fait regretter qu'il n'ait pas été soutenu. Il protégeait La Flèche et la banlieue sud du Mans, s'avançait jusqu'à Montoire et était sur le point de ressaisir Vendôme. Ces opérations, menées en plein hiver, alors que la température était redevenue des plus rigoureuses, lui font le plus grand honneur. Il est possible qu'à ce moment, un mouvement fortement prononcé sur la droite nous eût permis de reconquérir la vallée du Loir.

Les instructions écrites par le général Chanzy avaient

pour but de tenir les chefs de corps au courant des faits qui
se passaient ainsi en avant de l'armée. En même temps
elles indiquaient les mesures à prendre pour mener à bonne
fin l'œuvre de la réorganisation.

Arrivés au château de Lépine le 21 décembre, notre séjour
paraissait devoir s'y prolonger, et nous adoptâmes, entre
secrétaires, une sorte d'organisation nouvelle. A tour de
rôle, on se chargeait du service du bureau pendant la
journée et des soins culinaires. Nos connaissances sous ce
dernier rapport étaient alors et sont restées depuis bien res-
treintes; mais nous étions arrivés à réussir un pot-au-feu,
à griller convenablement quelques biftecks. Chacun de
nous était tour-à-tour cuisinier et fourrier. En cette dernière
qualité, c'était lui qui se rendait aux distributions de vivres.
Il faudrait le pinceau d'un Teniers ou même d'un Rembrandt
pour donner une idée de l'aspect pittoresque et des scènes
variées qu'offraient ces distributions. Le convoi était placé
à 8 kilomètres environ en arrière du Mans; les voitures
étaient rangées en bon ordre sur la route de Laval. A droite
et à gauche, des champs où étaient parqués d'innombrables
troupeaux de bœufs et de vaches. Dans un enclos en contre-
bas de la route, ces animaux étaient amenés devant nous,
abattus, saignés et dépecés séance tenante. Les membres
chauds et fumants, et palpitants encore, étaient distribués
aux soldats. Parmi ceux-ci, c'était à qui obtiendrait les meil-
leurs morceaux, et l'on cherchait à se faire des amis parmi
les bouchers qui, couverts de sang, s'agitaient au milieu de
ce champ de carnage, foulant aux pieds les débris des victimes. Vers la fin de décembre, la température devint plus
rigoureuse que jamais, un grand nombre de bœufs gisaient
à terre, engourdis par le froid. Déjà le typhus, qui, plus
tard dans la Mayenne, se développa d'une façon effrayante,
commençait à exercer ses ravages. Plus d'un d'entre nous
hésitait à recevoir la part qui lui était destinée; mais la
faim parlait plus haut que ces répugnances.

XI.

Rentrée au régiment. — Les cantonnements. — Marche
en avant. — Combat d'Ardenay.

A cette époque, c'est à dire, le 3 janvier, un changement
considérable se fit dans notre situation personnelle. Nous
reçumes, avec le grade de sergent, l'ordre de rentrer à
notre régiment. Ce ne fut pas sans regret que nous quittâmes l'état-major et surtout le sergent R..., que nous
devions revoir, d'ailleurs, à plusieurs reprises, pendant le
reste de la campagne.

Le 3 janvier au matin, nous nous mîmes en quête de
notre régiment, que nous savions cantonné aux environs
de Chauffour, à 10 kilomètres ouest du Mans. Malgré cette
indication, le trouver n'était pas chose facile. Tout le
monde sait que dans le Maine, comme dans la Bretagne,
les villages se composent le plus souvent de fermes isolées,
éparses sur une étendue plus ou moins grande de territoire.
Les chemins, encaissés et bordés de haies vives, ne permet-
tent pas au voyageur de connaître exactement la direction
suivie par lui et lui font craindre à chaque instant de
s'égarer. Cependant, à force de nous enquérir sur la route,
nous apprîmes que le colonel T... était établi au château
de Vandœuvre. Nous nous y transportâmes sur-le-champ.
La première personne que nous rencontrâmes fut précisément l'excellent colonel, qui nous fit un accueil des plus
cordiaux, regrettant que nous fussions restés si longtemps séparés de lui. En attendant qu'il nous trouvât place dans une
compagnie quelconque, il nous mit en subsistance à la section hors rang. Un tout jeune sous-lieutenant fut chargé de
nous piloter à travers le pays et de nous mener à deux
kilomètres de là, à la ferme où nous devions trouver notre
cantonnement.

Le temps que nous passâmes à cette ferme fut d'une tranquillité absolue. Pour tout service, nous avions quelques états à tracer pour le compte du capitaine-major, ce qui nous occupait deux ou trois heures par jour, après quoi nous étions complètement libres. Notre temps était employé à parcourir, favorisés par une température printanière, ce joli coin du Maine, où les chemins serpentaient avec le caprice des allées d'un jardin. Les journaux, que nous lisions encore un peu à l'état-major, ne nous arrivaient plus, et, plongés dans un milieu qui se souciait de la politique comme de ça, nous en étions venus par moments à oublier qu'en somme c'était la guerre qui nous faisait ces loisirs, et nous étions forcés de nous redire que cette vie paisible ne pouvait durer.

Le soldat, surtout en campagne, observe religieusement quelques-unes des dates du calendrier ; je veux dire qu'il n'oublie pas, par exemple, les fêtes de Noël et le premier de l'an. A l'état-major, nous n'y avions pas manqué et, avec des ustensiles que nous nous étions procurés je ne sais trop où, on avait passé de joyeuses soirées à faire sauter des crêpes, ni plus ni moins que des étudiants de première année. Or, on était arrivé à l'Épiphanie, et le sergent-major de la section hors rang, un vieux et excellent soldat, avait décidé que l'on fêterait les rois, en dépit de la République. Le 8 janvier 1871, c'était un dimanche, — tout se préparait pour une plantureuse soirée. On s'était cotisé pour acheter une oie qui devait faire la base de notre festin ; la farine pour les crêpes ne nous manquait pas. La ferme possédait un excellent petit vin d'Anjou qui contrebalançait les effets désastreux du cidre. Il pouvait être quatre heures de l'après-midi, et l'on n'attendait plus que le sergent-major pour commencer le branle-bas. Il arrive en effet. « Sac au dos, tout le monde ! » s'écrie-t-il d'une voix retentissante. Nous n'en croyons pas d'abord nos oreilles, mais il faut en revenir bientôt et faire nos préparatifs de départ. L'ordre venait en effet d'arriver à tout le 17e corps de se mettre en marche sur-le-champ. Force était de renvoyer la fête à un autre jour : l'oie fut religieusement placée dans un fourgon, et en achevant à la hâte un morceau de pain, notre unique nourriture jusqu'au lendemain, nous pûmes rêver de l'heureuse soirée que nous avions failli passer.

Le régiment se réunit près du château de Vandœuvre. La nuit était arrivée lorsqu'on se mit en marche. Bientôt on rejoignait la route de Laval et l'on marchait vers le Mans. Plus de doute, c'était la marche en avant annoncée depuis plusieurs jours, pour une époque qui n'était pas désignée. Depuis quelque temps, du reste, les Prussiens ne donnaient plus signe de vie et l'on comptait bien que l'on marcherait sans les rencontrer jusqu'à Bouloire ou même Saint-Calais. Au delà de cette ville, quelle route suivrait-on pour marcher vers Paris? on l'ignorait ; mais en tout cas on ne devait plus retomber dans la Beauce, de funeste mémoire ; on devait, supposait-on, s'élever par Nogent-le-Rotrou et Dreux vers le nord.

A deux kilomètres du Mans, notre marche fut suspendue quelques heures par le passage de la réserve d'artillerie. Pour tuer le temps, les soldats, taillant à même dans les haies vives, abattant les branches d'arbres, ou les arbres eux-mêmes, allumèrent le long de la route des feux autour desquels ils se formaient en groupes serrés. La flamme, s'élevant parfois à la hauteur d'une maison, projetait au loin des étincelles qui faisaient redouter un accident terrible aux officiers d'artillerie dont les caissons remplis de poudre défilaient en ce moment. Mais les ordres qu'ils donnaient d'éteindre les feux n'étaient pas écoutés. A peine avaient-ils réussi à se faire obéir sur un point, que la flamme jaillissait à quelques pas de là, plus vive et plus haute que jamais.

Il pouvait être onze heures du soir, lorsque nous traversâmes le Mans. On ne rencontrait plus en ville que des groupes attardés. Le faubourg de Pontlieu, Yvré-l'Evêque

furent dépassés, nous arrivâmes non loin de Saint-Hubert.
La route était bordée à droite et à gauche d'immenses forêts
de pins. C'est là que l'on s'établit. De grands feux furent
allumés, autour desquels on se plaça à la ronde, roulés
dans les couvertures ou les toiles de tente, attendant le
sommeil.

Le froid était devenu très-vif. Cependant nous avions fini
par nous assoupir et par goûter un repos très-peu répara-
teur. Lorsque nous nous réveillâmes au petit jour, la campagne autour de nous était couverte de neige. Le général
Chanzy, qui avait entrepris cette nouvelle campagne, comp-
tant être favorisé par la douceur de la température qui
régnait depuis quelques jours, le général Chanzy était trompé
dans son espoir. La période de froid que nous allions subir
devait, par ses rigueurs, nous faire oublier les souffrances du
mois de décembre et mettre plus que jamais à l'épreuve les
soldats de l'armée de la Loire.

Je me promenais à grands pas sur la route pour ramener
la chaleur dans mes membres engourdis. Sur les tas de
pierres, on apercevait des masses grises et informes ; c'étaient
des soldats, la tête et les pieds entièrement cachés dans leur
toile de tente, qui, fatigués de la marche, s'étaient jetés au
premier endroit venu et dormaient sur un lit de cailloux. Cependant peu à peu la route s'animait, nous retrouvions nos
vieux camarades du 51e, que nous n'avions pas vus depuis
plus de trois semaines.

On se mit en marche vers neuf heures du matin. Arrivés
à Ardenay, nous y cherchâmes la solution d'un problème
qui nous intéressait à un très-haut point. Nous n'avions rien
pris depuis ce morceau de pain de la veille qui avait été
pour nous le gâteau des rois, et nous étions entrés dans une
auberge où l'un de nos collègues, secrétaire du capitaine-
trésorier, nous appelait à partager quelques aliments, pré-
cieuse trouvaille pour laquelle il fut béni de tous. Joyeusement attablés, nous ne nous occupions nullement de ce

qui se passait au dehors, lorsque tout-à-coup des sous-officiers de cavalerie vinrent nous dire que le combat venait de commencer et qu'il fallait rejoindre notre régiment. Le matin, il nous était arrivé de causer à divers officiers, et les esprits étaient si loin de songer à un combat pour le jour même, que nous crûmes à une aimable plaisanterie de la part de ces cavaliers qui, ne trouvant pas de place dans l'auberge toute pleine de monde, essayaient, nous le supposions du moins, de nous supplanter à notre table.

Enfin, sur de nouvelles et pressantes instances, nous nous décidâmes à sortir de l'auberge et alors une fusillade intense et très-rapprochée éclata à nos oreilles. Le combat était engagé à quelques centaines de mètres du village. Ce départ inopiné de Chauffour, cette marche de nuit, grâce auxquels nous espérions surprendre les Prussiens, avaient abouti à nous faire surprendre par eux.

Le désordre le plus complet régnait dans le village. Ces tableaux que nous avions déjà vus tant de fois se déroulaient devant nos yeux : des paysannes affolées de terreur se précipitaient hors de leurs demeures; l'esprit troublé par le bruit rapproché de la fusillade qui se faisait entendre sur divers points, elles couraient au hasard, demandant aux soldats, aux officiers, qui ne songeaient pas à leur répondre, de quel côté il fallait se diriger pour être en sûreté. Des charrettes, remplies de jeunes enfants, fuyaient vers le Mans. Dans cette bagarre, les malheureux paysans essayaient de sauver leur bétail des atteintes de l'ennemi, et l'on voyait des troupeaux bondir effrayés au milieu des batteries d'artillerie et des escadrons de cavalerie.

Le lecteur nous pardonnera sans doute ce détail : mais tel était notre appétit, développé par la marche, sans compter près de vingt-quatre heures d'abstinence, qu'avant de sortir de l'auberge, nous nous partageâmes les débris de notre repas. C'est ainsi que, le fusil en bandoulière, le couteau à la main, taillant, avec un sang-froid qui nous étonnait, dans

notre morceau de lard, nous rejoignîmes le capitaine-major.
A ce moment, la situation était critique. Les voitures du
régiment avaient été placées à gauche et en avant du village.
Les Prussiens avaient aperçu le convoi, qui semblait pour
eux une proie assurée, et ils poussaient des hurrahs formidables qui, joints au cri de leurs officiers, *forwertz!
forwertz!* dominaient le bruit de la fusillade.

On parvint cependant à replier les voitures derrière un
petit bois; les balles sifflaient et crépitaient dans les branches,
qui pleuvaient autour de nous. On atteignit ainsi un chemin
creux derrière lequel un bataillon de chasseurs à pied était
déployé en tirailleurs. Ce chemin descendait une rampe
très-forte, rendue excessivement glissante par la neige déjà
épaisse. A chaque pas, les chevaux menaçaient de s'abattre;
une voiture versée eût suffi pour arrêter net la marche du
convoi. Tout se passa sans encombre; les voitures parvin-
rent à regagner la grande route, le colonel T... lui-même
présidait à ce sauvetage. Quelques heures après, nous appre-
nions que le 18ᵉ de marche, qui faisait brigade avec nous,
avait été moins heureux. Il avait perdu avec son convoi la
caisse du régiment, qui renfermait à ce moment une quarantaine de mille francs.

Cependant le combat continuait. Mais les troupes engagées
étaient peu nombreuses et ne comprenaient qu'une faible
partie de la deuxième division d'infanterie. La division de
cavalerie, placée en arrière d'Ardenay, n'était d'aucune utilité
sur cette neige glissante, qui empêchait presque les chevaux
de se tenir debout. N'étant pas soutenue, la deuxième division perdit successivement les bois de pins qui couvrent le
village d'Ardenay et ce village lui-même.

Le soir de ce jour, les bivouacs furent établis autour
d'Yvré-l'Evêque. Le nôtre était sur la route, en arrière de
ce bourg. La neige continua de tomber une partie de la nuit
et nous empêcha de sommeiller.

XII.

Bataille d'Yvré-l'Evêque. — Prise du Mans. — Déroute du 17ᵉ corps.

Le matin du 10, la lutte recommença. Le général Chanzy avait à ce moment tout le 17ᵉ corps sous sa main, et il le disposa heureusement dans une position très-forte, long-temps étudiée à l'avance. Ce corps avait alors pour chef le général de Colomb, qui avait succédé au général Guépratte.

Les Prussiens, arrivant d'Ardenay, devaient, avant d'atteindre Yvré-l'Evêque, traverser la petite rivière d'Huisnes, opération assez difficile sous le feu de leurs adversaires, et cela fait, ils se trouvaient au pied d'une haute colline sur les flancs de laquelle s'élevait le bourg d'Yvré. Des tranchées avaient été faites pour abriter nos troupes ; les murs des jardins et des maisons avaient été crénelés, et sur le sommet de la hauteur même, une forte artillerie battait la plaine et fouillait les bois qui servaient d'abri aux Prussiens.

Le 51ᵉ était disposé dans des tranchées, sur la gauche, en avant de fermes dépendant du bourg d'Yvré. Malheureuse-ment pour ce régiment, la veille, à Ardenay, le colonel avait eu son cheval blessé sous lui, et la commotion éprouvée par lui dans sa chute l'avait forcé de quitter le champ de bataille. L'un des trois chefs de bataillon, M. Corcelet, avait été grièvement blessé d'une balle qui l'avait atteint au visage et qui fit longtemps craindre pour sa vie. Il s'en suivit une assez grande désorganisation dans le commande-ment. Chaque compagnie dut combattre pour ainsi dire isolément, ne recevant ni ordres, ni instructions. La mobile, qui formait la plus grande partie des troupes du corps d'armée, faiblit bientôt ; les Prussiens, d'ailleurs, se gardant bien d'aborder de front la position, passèrent l'Huisnes sur plusieurs points et menacèrent de couper du Mans le 17ᵉ corps. Il fallut se replier : tous les avantages de cette position d'Yvré-l'Evêque étaient perdus.

On ne pouvait songer à défendre le Mans avec espoir de préserver cette ville de l'invasion ; mais on pouvait, en occupant fortement le faubourg de Pontlieu, retarder la marche de l'ennemi et donner le temps d'en opérer l'évacuation complète. Le 17ᵉ corps, éprouvé par les deux défaites d'Ardenay et d'Yvré-l'Evêque, dut laisser cette tâche à quelques bataillons de nos meilleures troupes, les gendarmes, le génie, le bataillon d'Afrique, auxquels se joignit la garde nationale de la ville. Pendant que ces hommes courageux luttaient toute une journée, les troupes se repliaient avec une rapidité et un désordre qui prirent bientôt les allures d'une déroute.

Nous étions établis à l'extrémité du faubourg de Laval, à droite de la route. Des bourrées de sapins et quelques planches appuyées contre un mur de briques nous avaient servi à construire une sorte de cabane dans laquelle nous avions passé la nuit, au nombre de sept ou huit. Pendant toute la matinée, nous vîmes défiler devant nous ces troupes, qui ne formaient plus qu'un pêle-mêle sans nom et qui avaient été le 17ᵉ corps. A droite et à gauche, aussi loin que la vue pouvait s'étendre, la route était noire de soldats. Les bataillons de mobiles surtout étaient désorganisés ; chefs et soldats marchaient confondus, les premiers ne faisant rien pour retenir leurs subordonnés et ramener une apparence d'ordre dans les rangs. A de certains moments, la fusillade et la canonnade semblaient se rapprocher ; le bruit d'un obus venant éclater à peu de distance retentissait aux oreilles. Un instant cette foule s'arrêtait comme stupéfiée, puis elle reprenait sa marche folle.

Ce spectacle qui nous avait d'abord attiré malgré nous, peut-être par ce qu'il avait de triste et de répugnant, nous fatigua bientôt, et nous revînmes à des occupations plus attrayantes. On se souvient de l'oie grasse avec laquelle nous avions dû fêter le jour des rois. Notre cuisinier, un homme pratique, ne l'avait jamais perdue de vue et avait profité des premières heures de repos qui nous étaient données depuis trois jours pour l'accommoder et en faire un plat des plus appétissants Notre cabane de branchages s'était transformée en restaurant. Il y a vraiment quelque honte à se rappeler de pareils moments, alors que, rendu au calme, on ne voit plus que l'ensemble des évènements et que la défaite pèse sur nous de tout son poids ; mais, à cette époque, la vie n'était pour nous qu'une alternative perpétuelle de douleurs et de courtes joies. Celles-ci, pour n'être pas d'une nature bien élevée, n'en étaient pas moins vives, et nous nous hâtions, en égoïstes, de les saisir au passage, sachant que la souffrance morale et physique nous ressaisirait bien vite. Cette journée en fut pour nous une preuve : à peine avions-nous terminé notre repas, que nous reçûmes à notre tour l'ordre de nous mettre en route. Il pouvait être midi et nous devions marcher jusqu'à onze heures du soir. A deux lieues du Mans, nous quittâmes la route de Laval et l'on nous fit entrer dans un pays accidenté et qui s'élevait de plus en plus. La neige, abondante déjà aux environs du Mans, était de plus en plus épaisse à mesure que nous avancions.

On se dirigeait sur Sillé-le-Guillaume, et à chaque village que nous traversions, la Denisière, la Quinte, Cures-en-Champagne, nous demandions aux habitants, avec un intérêt que l'on comprendra facilement, si la ville de Sillé était encore bien éloignée. Leurs réponses n'étaient pas très-encourageantes ; le chemin était long encore, nous disaient-ils, et l'on sait ce que parler veut dire dans de semblables occasions. Mais, arrivés à Conlie, force fut de s'y arrêter : un poste était établi à l'extrémité de cette ville et, fait qui prouve bien le désarroi de l'armée, le chef de notre petite colonne n'avait pas reçu le mot d'ordre nécessaire pour passer outre. Il eut beau parlementer : le chef de poste fut inflexible. Les soldats furent heureux de ce contre-temps qui transformait pour eux une nuit de marche en nuit de repos.

Conlie était célèbre à cette époque par le camp où l'on avait réuni, pour leur malheur, les mobilisés bretons. La misère les y avait décimés et la variole avait plus fait pour fondre cette armée, que n'aurait pu le feu de l'ennemi. Tout ce que je me rappelle de Conlie, pour mon compte, c'est une vaste grange à laquelle on arrivait par une échelle glissante et une étroite lucarne qui ne livrait qu'un passage difficile. Cette grange était remplie de spahis ou d'éclaireurs algériens qui, imperturbables, et sans se douter du danger qu'ils nous faisaient courir, allumaient leurs pipes avant de s'endormir. Mais nous étions si heureux de reposer sous un toit après trois nuits passées en plein air, que nous ne nous arrêtâmes pas plus longtemps à cette pensée. Il était grand jour à notre réveil, et la colonne avait disparu ; mais nous n'eûmes pas de peine à la rejoindre, au moment où elle allait atteindre Sillé-le-Guillaume.

Du camp de Conlie nous ne sûmes rien, sinon que, pour ne pas laisser tomber aux mains de l'ennemi les approvision-nements qu'il contenait, on l'avait livré au pillage des soldats. Pendant plusieurs jours ceux-ci se gorgèrent des provisions qu'ils y avaient trouvées.

XIII.

Étapes dans la neige. — Le dernier combat. — Evron — Une grand'garde à Montsurs.

A partir de Sillé-le-Guillaume, il nous serait extrêmement difficile de retrouver l'itinéraire que nous avons suivi durant deux ou trois jours. C'étaient des marches et contre-marches perpétuelles. Après nous être avancés jusqu'à

Voutré, dans la Mayenne, on nous faisait rétrograder dans
la Sarthe. Là, on semblait fuir les grandes routes et les localités importantes. Le pays que nous traversions, très-monta-
gneux et très-boisé, et dont, à de certains moments, les sites
sauvages rappelaient, par ce temps de neige, les cantons perdus
de la Suisse ou de la Savoie, ne nous offrait que de loin en
loin quelque village épuisé de provisions. C'est ainsi que
nous traversâmes successivement Parennes et Tennir. A ce
moment, les soldats étaient complètement désorientés sur la
direction prise par l'armée. Malheur à celui qui perdait son
régiment de vue, ne fût-ce que pendant une heure! Il lui
devenait difficile de le retrouver, au milieu de cette agitation
confuse. Il arrivait souvent aux traînards d'être pris par les
Prussiens, en entrant dans un village qu'ils avaient toute rai-
son de croire occupé par les Français.

Nous nous trouvions donc, le dimanche 15 janvier, dans
nous ne savons plus quel village de la Sarthe, lorsque nous
fûmes placés comme sergents à la 4ᵉ compagnie du 1ᵉʳ bataillon. A peine avions-nous rejoint, qu'une vive canonnade
éclata tout-à-coup. Le 51ᵉ se déploya en tirailleurs hors du
village, sur un plateau en face duquel se trouvaient des collines assez élevées. De la distance où nous étions, on pouvait
apercevoir quelques éclaireurs prussiens galopant sur le
flanc de cette colline. Le 51ᵉ formait l'extrême-gauche d'une
ligne de bataille assez étendue. Les tirailleurs étaient dis-
posés sur trois lignes : la première, établie dans un chemin
creux ; la seconde, qui était la nôtre, dans des vergers ou des
jardins; la troisième, dans quelques maisons du village.

Ces dispositions prises, nous attendîmes l'ordre de commencer le feu. Les quelques heures que nous passâmes ainsi,
presque immobiles, enfouis jusqu'aux genoux dans la neige,
furent des plus pénibles. La section que je commandais se
composait de jeunes soldats originaires des Pyrénées. Avec
des bourrées de sapin, ils avaient improvisé des fascines derrière lesquelles ils s'établirent. Bientôt, malgré les ordres

donnés, il fut impossible de les empêcher de faire du feu.

Notre compagnie était commandée par un unique officier, un jeune sous-lieutenant, à peine âgé de dix-neuf ans, et qui comptait déjà une année de service, ce qui faisait de lui, à cette époque, un vieux soldat. Nous fîmes bien vite connaissance, et cela d'autant plus facilement, que la conversation nous fit reconnaître pour des quasi-compatriotes ; il était originaire des environs de Vouziers. Pendant les deux mois que j'ai servi sous ses ordres, nous devions passer de longues heures ensemble, et sa conversation vive, enjouée, devait adoucir pour nous l'ennui des grand'gardes.

Cependant la canonnade, qui avait été un moment très-vive sur notre droite, s'était ralentie. On reçut ordre de se reformer en colonne de marche et de battre en retraite. Il pouvait être cinq heures lorsque ce mouvement s'exécuta. Après cette journée passée dans la neige et dans une immobilité presque absolue, il fallut cheminer toute la nuit.

Nous nous dirigions sur Evron, petite ville de la Mayenne Nous traversâmes successivement Sainte-Suzanne et trois ou quatre autres villages qui tous présentaient une singularité assez remarquable. Le clocher des églises, terminé uniformément en flèche, offrait une inclinaison très-sensible à l'œil et qui faisait songer à la fameuse tour de Pise. Mais on comprend que nous ne nous amusions pas à pousser plus loin nos observations architecturales. A partir de Sainte-Suzanne, et quoique nous fussions encore à près de trois lieues d'Evron, une lueur considérable apparaissait au-dessus de cette dernière ville. Bien que nos yeux fussent depuis longtemps habitués aux feux des bivouacs, on crut d'abord à un incendie. A notre arrivée à Evron, vers minuit, la fable des *Bâtons flottants* se représenta à notre esprit : l'incendie n'était en effet autre chose que quelques feux de bivouacs allumés par les artilleurs qui, abattant les arbres sans scrupule, semblaient brûler une forêt entière. C'était pour nous un indice que la petite ville devait être remplie de troupes et qu'il serait difficile de trouver à s'y caser. Nous dûmes, en effet, nous contenter d'un coin de table d'auberge, où nous essayâmes de prendre quelque repos. Mais, vers deux heures du matin, il fallut nous réveiller pour une distribution de vivres. Le sergent-major et le fourrier de la compagnie s'étaient égarés et ne devaient rejoindre que plus tard, et je cumulais alors ces deux fonctions.

L'heure paraîtra peut-être, comme elle nous parut à nous-mêmes, quelque peu insolite pour procéder à une distribution. Mais le convoi avançait avec beaucoup de peine sur ces routes glissantes, sur cette neige battue par les pieds des hommes et des chevaux. Pour éviter qu'il fût pris par l'ennemi, on partagea entre les compagnies les provisions qu'il contenait. Les caisses renfermant le biscuit étaient jetées à même sur la route et défoncées par les soldats, qui se disputaient cet aliment malsain et indigeste, pour lequel je me suis toujours senti peu de goût. Heureux encore quand le biscuit, après avoir séjourné pendant plusieurs mois dans une voiture, n'était pas à peu près complètement pourri !

Le matin, le 51ᵉ prit position dans la gare d'Evron. Il était question de la défendre contre une attaque probable des Prussiens. A ce moment, le dégel avait commencé ; une pluie abondante et glaciale formait un verglas sur lequel on avait peine à se tenir debout. Vers midi, on se remit en marche. Je fis l'appel de la compagnie : sur un effectif de 240 hommes, elle en avait à ce moment à peine une trentaine de présents sous les armes. Un grand nombre d'absents et de trainards devaient rejoindre par la suite et la reporter au nombre d'environ soixante-cinq combattants. Telle était devenue, après une campagne de deux mois, cette compagnie si nombreuse à son départ d'Auxerre. Il en était de même pour le reste du bataillon. Le feu de l'ennemi entrait pour la moindre part parmi les causes de cet affaiblissement considérable. La fatigue des marches, la maladie, la démoralisation, qui portait certains de nos soldats à se laisser faire prisonniers par l'ennemi, plutôt que de s'exposer plus longtemps aux souffrances de la guerre, telles étaient les causes principales.

Nous nous mîmes donc en marche par un temps bas et sombre. Par suite de la fonte des neiges, les deux fossés qui bordaient la route étaient devenus de véritables torrents qui roulaient avec bruit, et dans lesquels se déversaient les eaux de la plaine, transformée en lac. A chaque instant, ces deux torrents se rejoignaient et recouvraient la route. Cette époque est, de toute la campagne, celle qui me rappelle les plus funestes souvenirs. Mes chaussures, brûlées et racornies par la neige, m'avaient occasionné des blessures qui me rendaient la marche très-difficile, et, au moindre choc, très-douloureuse.

Le soir, on arrivait à Montsurs; mais, au moment où nous comptions sur un repos qui nous était bien dû, notre bataillon reçut l'ordre de rétrograder à deux kilomètres et d'aller tenir grand'garde au château de Montsurs. Heureusement, la grand'garde ne fut pas si dure que nous l'avions craint d'abord. Installés dans la ferme du château, nous passâmes une excellente nuit et nous comptions pour le lendemain matin sur un déjeûner succulent, quand, vers cinq heures moins le quart, nous fûmes réveillés par l'adjudant-major du bataillon, le capitaine de X..., qui nous ordonna de réunir nos hommes sans bruit et de partir de la ferme, en nous dissimulant derrière des bouquets d'arbres. On avait, paraît-il, signalé la présence des Prussiens. Il nous fallut partir, après avoir relevé nos postes avancés, en jetant un regard triste et désespéré sur la marmite qui bouillait doucement, sur quelques pots de lait que nous avions achetés, toutes choses qui allaient sans doute délecter les Prussiens.

Puisque je viens de parler du capitaine de X.. je dois citer un fait qui, quelques jours après, causa une certaine sensation dans le bataillon. Cet officier était un jeune homme de dix-neuf ans, portant un beau nom militaire, et qui était entré au 51e après avoir servi dans les zouaves pontificaux, où disait-il, il avait le grade de lieutenant. Le désordre était si grand dans l'administration militaire à cette époque que son affirmation fut tenue pour vraie. Je ne sais quel officier supérieur eut la fantaisie de tirer au clair cet avancement qui lui semblait par trop rapide. Toujours est-il qu'un beau jour, le rapport du colonel portait en mutation le capitaine de X..., cassé de son grade et passé soldat de 2ᵉ classe à nous ne savons plus quel régiment de marche.

Nous rejoignîmes donc notre régiment à Montsurs, au moment où la 2ᵉ division, dont il faisait partie, se mettait en marche. Cette fois encore on marcha pendant douze heures d'horloge. Il semblait que le chef d'état-major, quel qu'il fût, qui avait ordonné notre itinéraire, eût juré de nous faire endiabler. L'objectif du régiment, nous le sûmes seulement à notre arrivée, était les fermes situées entre Montsurs et Saint-Germain-le-Fouilloux, de l'autre côté de la Mayenne. Mais au lieu de suivre la route directe, on nous fit d'abord marcher vers le nord et nous rapprocher de la ville de Mayenne, pour redescendre ensuite par St-Germain-d'Anxures et Andouillé sur la ferme de Bel-Air, qui nous était destinée. Du reste, les bords de la Mayenne étaient faits pour nous consoler de nos fatigues. La rivière torrentueuse roulait au milieu d'une succession de collines la plupart couronnées de châteaux ; les villages étaient pauvres, mais coquettement posés. Partout, dans la campagne, on entendait le bruit de cascades ou de cataractes éphémères, produites par la fonte des neiges et dont l'immense harmonie nous rappelait celle qui remplit éternellement les vallons de l'Oberland bernois.

XIV.

La ferme de Bel-Air. — Une exécution militaire. — Le 17ᵉ corps en
avant de Laval. — Les dernières grand'gardes. — La nouvelle de
l'armistice. — Impressions diverses qu'elle cause sur l'armée.

Mais ces agréables impressions s'effacèrent bien vite,
lorsqu'il nous fut donné de voir la ferme qui était réservée à
notre bataillon. Jamais, même dans la Beauce, nous n'avions
eu idée d'une boue pareille. La terre, détrempée par la pluie
et par la fonte des neiges, remuée sans cesse par les pieds
d'une multitude d'hommes, formait une surface liquide dans
laquelle on pénétrait jusqu'à la cheville. Nous avions pour
logement des granges dans lesquelles une paille pourrie et
jamais renouvelée nous servait de couche. Les mobilisés
bretons qui avaient séjourné avant nous dans ce triste pays,
y avaient laissé sous tous les rapports de tristes souvenirs.
La dyssenterie dès lors commença à exercer ses ravages, en
même temps que le moral des troupes, qui aurait eu besoin
d'être relevé, s'affaiblissait chaque jour.

Nous séjournâmes une dizaine de jours à la ferme impro-
prement appelée de Bel-Air, sans autre distraction que
l'exercice du matin. Nous n'avions jamais été plus complètement privés de nouvelles. Pendant ces dix mortelles journées, il nous fut impossible de savoir ce qui se passait soit
dans le reste de la France, soit même autour de nous. Une
lourde et épaisse atmosphère nous enveloppait. Nous étions
comme séparés du reste du monde.

Pour ajouter à la tristesse de ces impressions, je reçus un
soir l'ordre de me tenir prêt pour le lendemain, avec quelques
hommes de la compagnie. Il était question de l'exécution
d'un pauvre diable d'artilleur, condamné comme déserteur.
Le lendemain matin, à six heures, en aussi grande tenue

6

que le comportaient nos vêtements usés, non pas, hélas ! par la
victoire, mais par la défaite, nous nous mîmes en marche.
L'exécution devait se faire à une lieue de là, près de Saint-
Germain-le-Fouilloux. Nous traversâmes le champ où se faisaient les distributions de vivres, et c'est tout auprès, dans
un petit enclos que l'on nous fit entrer. Cet enclos dessinait
un carré parfait, dont l'un des côtés était fermé par un mur
contre lequel devait être placé le condamné. Un autre côté du
carré était formé par des détachements du 51e, du 48e
et du 10e chasseurs à pied ; les deux autres par les soldats d'artillerie. Ces derniers arrivèrent bientôt. Couverts de leurs
longs et sombres manteaux, que ne relevait aucun ornement,
on se fût volontiers demandé si l'on avait en présence des
moines ou des soldats. Lorsqu'au commandement de leurs
officiers, ils tirèrent leurs sabres, l'éclat de l'acier tranchait
violemment sur leurs uniformes sombres. Enfin le condamné arriva ; il se plaça devant le peloton d'exécution,
embrassa un de ses camarades et l'aumônier, et attendit.
Les armes des artilleurs étaient en mauvais état. Quelques
mousquetons seulement firent feu ; le condamné tomba.
Etait-il tué ? on hésitait à le croire ; un artilleur se détacha
du groupe, plaça le canon de son fusil contre l'oreille, mais
le coup ne partit pas. Il fallut encore quelques instants avant
que ce dernier acte de l'exécution ne fût accompli. On défila
devant le cadavre, et les soldats, je pus le remarquer,
lorsqu'il leur fut permis d'exprimer tout haut leurs impressions, ne cachèrent pas leurs sympathies pour la victime.
C'était le plus clair résultat de ce déploiement de forces et
de cet appareil militaire. Pendant notre séjour à l'armée de
la Loire, les arrêts de la cour martiale furent nombreux,
mais la discipline avait été si fortement ébranlée, que l'exécution de ces arrêts ne produisait jamais l'effet de terreur salutaire qu'on avait espéré.

Enfin, le dimanche 29 janvier, au milieu de la satisfaction
générale, on quitta la ferme de Bel-Air. Pas plus qu'aux

précédentes marches, on ne savait vers quel point on se dirigeait. On se reporta sur la rive gauche de la Mayenne, et,
après avoir cheminé plusieurs heures dans diverses directions
pour exécuter en définitive un trajet qui, en ligne directe,
n'aurait pas demandé deux heures de marche, la 2ᵉ division
d'infanterie vint occuper des fermes éparses çà et là dans la
campagne, à une ou deux lieues de Laval En somme, le
mouvement que nous venions de faire ressemblait à celui
du malade qui se retourne sur son lit de souffrance ; mais
ce n'en était pas moins un changement, et cela avait suffi
pour ramener un peu de gaîté chez les soldats. Par suite de
cette opération, de seconde ligne nous passions en première,
remplaçant dans ses positions le 16ᵉ corps d'armée. Le
service des grands-gardes allait reprendre, et ce fut notre
compagnie qui, arrivée au cantonnement du bataillon, fut
désignée pour monter la première grand'garde.

Le commandant nous plaça lui-même dans un chemin
creux, sorte de fossé qui paraissait d'autant plus profond
que les haies vives, qui sont taillées ordinairement à cette
époque de l'année, ne l'avaient pas été cette fois, afin
d'ajouter aux facilités de défense du pays. M. S..., notre
chef de bataillon, qui était l'un des rares officiers vraiment
militaires du 51ᵉ, plaça lui-même les deux postes avancés
à un kilomètre à droite et à gauche, leur indiqua l'emplacement que devaient occuper les sentinelles et revint
ensuite au poste de soutien où j'étais resté avec notre jeune
lieutenant, et ne nous quitta pas sans nous avoir prévenus
que la plus grande surveillance était nécessaire, les Prussiens
occupant deux ou trois fermes à huit cents mètres sur notre
front. Pour notre gouverne, il ajouta que, deux jours auparavant, le poste établi au même endroit que nous avait été
enlevé par l'ennemi.

Malgré ces éventualités assez peu rassurantes, les vingt-
quatre heures que nous passâmes dans cette position
s'écoulèrent assez rapidement. Nous avions fait venir d'une

ferme voisine quelques bottes de paille, ce qui nous permit de ne pas coucher à même dans la boue. La défense de faire des feux était formelle, mais il n'était pas interdit d'entretenir quelques brasiers pour cuire les aliments. Ce fut là, d'ailleurs, notre principale occupation, et jamais volaille ne m'a semblé meilleure que celle que notre cuisinier avait acquise dans une ferme voisine. La nuit, il fallut opérer quelques rondes ; le plus grand danger que l'on courût, était celui de s'égarer dans ce pays couvert, où un chemin ressemble à un autre, et où le paysage, varié au premier abord, est d'une uniformité désespérante.

Le lendemain matin, notre commandant reparut. A nous, qui depuis quinze jours étions complètement privés de renseignements, il annonça tout-à-coup une nouvelle qui fit tressaillir le plus indifférent : un armistice venait d'être signé ! A quel prix, dans quelles conditions, nous ne le savions pas encore.

A notre arrivée à la ferme de Launay, qui était destinée à la compagnie, notre premier soin fut de nous jeter sur quelques numéros d'un journal de Laval. Sous le déguisement d'une capitulation honorable, le fait était là, brutal, palpable, évident : Paris avait succombé !

Chez quelques-uns, l'impression fut ce qu'elle devait être, la tristesse et la consternation. Pour eux, c'en était fait de la France. Tous les points d'appui qui avaient permis au gouvernement de la défense nationale d'organiser la résistance étaient ainsi tombés tour-à-tour : Strasbourg, Metz, Paris ! Que pouvaient maintenant les armées françaises, rejetées les unes et les autres dans des positions excentriques, qui rendaient leurs succès mêmes stériles, Chanzy sur Laval, Faidherbe vers le Nord, Bourbaki, dont alors nous ne soupçonnions pas l'horrible désastre, sur la frontière de l'Est ? Je vois encore notre lieutenant, jeune homme dont l'âme était remplie du plus pur patriotisme, assis devant le foyer d'une pauvre chambre de paysan, nous donnant à lire, d'un air abattu, le journal qui contenait ces terribles nouvelles.

Mais, je dois le dire, cette impression était loin d'être générale. Pour la plupart de nos jeunes soldats, l'armistice, c'était la paix ; c'était la fin des souffrances, des fatigues et des dangers. Hélas ! nous n'étions pas en 92. Qui donc, d'ailleurs, se sentirait la force d'en vouloir à ces soldats, dont la plupart étaient à peine âgés de vingt ans et que leur éducation, il faut bien le dire, n'avait pas préparés à d'aussi rudes secousses ? Il y eut même, j'ai regret à le dire, une sorte d'explosion de joie parmi eux, et le général fut forcé de blâmer vertement, dans un ordre du jour, quelques hommes qui avaient rempli les rues de Laval de leurs chants et de leurs cris.

XV.

L'ennui des cantonnements. — Les soldats électeurs. — Départ pour Brest. — Une permission du colonel. — Impressions de voyage. — En Provence, à la recherche du 95e. — La fin d'une campagne.

Peindrai-je maintenant la vie monotone et triste que nous menâmes durant un mois et demi, cette vie de caserne avec tous ses ennuis sans aucun de ses très-contestables agréments ? Du jour où il fut évident pour nous que la guerre était complètement terminée, le service nous fut insupportable. L'école de peloton qui nous avait séduits à Auxerre n'eut plus de charme pour nous, et fut insuffisante à combattre la nostalgie. Les grand'gardes, qui revenaient pour chaque compagnie tous les six jours, ne nous donnaient plus cette pointe d'émotion qui naît de la présence du danger et qui ne manque pas d'attrait.

C'est à cette époque que nous connûmes pour la première fois, car nous ne l'avions pas appris au dépôt, ce qu'il y a de puéril dans certains détails de la vie militaire. Certains adjudants-majors n'entendaient pas à ce sujet la plaisanterie. A leurs yeux, boutonner à gauche sa tunique ou sa capote lorsqu'on était dans la première quinzaine du mois, ou à droite lorsqu'on était dans la seconde ; porter des guêtres blanches lorsque le rapport de la journée ordonnait les guêtres de cuir ; ne pas soumettre ses cheveux au fer malhabile et quelquefois dangereux du coiffeur de la compagnie, tout cela était autant de crimes que les coupables expiaient par la salle de police.

Une des principales occupations qui nous incombaient à tour de rôle, comme sergents de semaine, consistait à aller chercher, à quelques kilomètres du cantonnement, au bureau du vaguemestre, les lettres destinées à la compagnie. Nous étions à peu près sûrs à l'avance que nous ne serions pas du nombre des heureux à qui parviendrait ce souvenir de la famille ; mais je ne sais quel secret espoir survivait en nous. Enfin, vers les premiers jours de mars, les communications se rouvrirent et nous eûmes part à notre tour à cette manne bienfaisante que la main du vaguemestre dispensait à tous.

Avec les grand'gardes, les exercices, le service que nous faisions tour-à-tour comme chefs de poste, nous avions, pour varier notre existence, le travail des fortifications que le génie faisait exécuter aux abords de Laval. Chaque compagnie fournissait à tour de rôle son contingent de travailleurs ; on promettait aux hommes, pour exciter leur ardeur, des gratifications de vin qu'ils attendent sans doute encore à l'heure où j'écris. Comme s'ils avaient pressenti l'inanité de la promesse qui leur était faite, les soldats travaillaient pour leur argent ; c'est dire que la besogne avançait d'une façon imperceptible. D'autrefois, les soldats étaient requis pour l'enfouissement de bestiaux atteints du typhus, corvée peu agréable, mais recherchée par eux en ce sens qu'elle exemptait pour la journée de l'exercice et de l'appel.

Le 8 février, l'armée fut appelée à voter pour l'élection des membres de l'Assemblée Nationale. Les électeurs étaient peu nombreux dans ses rangs. Notre compagnie, que je citerai, pour exemple, formée de jeunes soldats de la classe de 1870, comptait à peine un ou deux soldats et trois sergents que leur âge mit en possession de leurs droits civiques.

Juste et indiscutable en elle-même, cette mesure qui faisait appel aux suffrages de l'armée était presque burlesque dans l'application. Séparés depuis plusieurs mois de leurs départements, privés à peu près complètement de communications avec eux, grand nombre de ces soldats électeurs ignoraient les hommes et les choses ; ils ne pouvaient émettre que des votes de hasard qui faisaient de leurs voix presque autant de voix perdues.

Cependant on était aux premiers jours de mars. Les préliminaires de paix avaient été signés. L'armée de la Loire, devenue armée de Bretagne et placée sous les ordres du général de Colomb, se dissolvait chaque jour ; mobilisés et mobiles rentraient dans leurs foyers, et le 51e gardait toujours ses cantonnements dans les plaines marécageuses du Bas-Maine. Autant le mouvement est favorable pour entretenir dans une armée la santé physique et le moral des troupes, autant l'immobilité absolue lui pèse, et nous en eûmes un exemple. Nous voyions notre compagnie se fondre peu à peu ; il ne se passait pas de semaine que nous n'eussions quelques hommes à conduire à l'hôpital. Forcés de coucher dans des écuries, sur une paille infecte que le métayer, — sorte de sauvage qui ne déguisait pas sa mauvaise humeur contre nous, — ne consentait à renouveler, à prix d'argent, qu'après avoir été menacé de la cour martiale, les soldats ne résistaient pas à ce régime malsain. Symptôme significatif, une maladie repoussante, la gale, s'était jointe à la vermine qui les dévorait. Chaque jour on nous promettait le renvoi des engagés volontaires qui devait nous faire échapper à ce double danger, et chaque jour nous étions trompés dans notre espoir. Le colonel T..., qui était rentré au corps, remis de sa blessure d'Ardenay, et qui ne cessait de s'intéresser à nous, nous avait conseillé de faire au général une demande de permission, que lui-même voulut bien appuyer chaleureusement. Mais la division répondit à cette demande par un ordre du jour qui déclarait qu'aucun congé, de quelque nature qu'il fût, ne serait accordé.

Enfin parut le décret qui ordonnait la libération des rappelés et des engagés volontaires. Mais nouvelle déception : le 51ᵉ recevait en même temps l'ordre de se diriger sur Brest; là seulement nous devions être désarmés. C'étaient dix étapes nouvelles à faire, par un magnifique pays, il est vrai, la Bretagne. Le colonel, qui voulait effacer le souvenir de la déconvenue que le rejet de notre demande nous avait fait éprouver, nous autorisa à nous rendre par le chemin de fer à Pontivy, où nous devions attendre le régiment. Dès ce moment ce sont plutôt des impressions de voyage que j'aurais à raconter, que des souvenirs militaires. Nous séjournâmes à Rennes, ville solennelle et un peu triste ; nous traversâmes à toute vapeur les landes de Bretagne, empreintes d'un caractère sauvage et grandiose ; nous suivîmes cette charmante vallée du Blavet, qui d'Auray à Pontivy, nous conduisait comme à travers un magnifique parc anglais. Enfin nous étions rentrés dans la vie civilisée ; nous couchions dans des lits, chose qui ne nous était pas arrivée depuis notre départ d'Auxerre, c'est-à-dire depuis le mois de novembre.

A Pontivy, où le régiment entra le lendemain de notre arrivée, contre-ordre. On était au 18 mars, et les évènements qui se passaient à Paris nécessitaient la concentration de troupes nombreuses à Versailles. Le régiment reprit la route qu'il avait déjà suivie, pendant que, profitant jusqu'au bout de la permission du colonel, nous nous hâtions de prendre en courant une idée de la Bretagne.

Notre première visite fut pour Lorient, qui ne nous consolait qu'à moitié de ne pouvoir pousser jusqu'à Brest. Cette ville n'avait à nous offrir que son port sans grandeur, son arsenal où l'on continuait, avec une désespérante routine, à fabriquer des canons modèle 1859. Une guerre désastreuse venait de démontrer d'une manière irréfutable que ces engins devaient être relégués dans les musées avec les anciens fusils à piston ; mais une commande avait été faite à une époque déjà éloignée, on l'exécutait avec une tranquillité imperturbable, et il ne venait à l'esprit d'aucun fonctionnaire, quel qu'il fût, de s'interposer et de faire cesser ce travail inepte, qui était un véritable gaspillage de nos ressources.

Puis, après quelques heures consacrées à visiter Sainte-Anne d'Auray et son pèlerinage, et son église nouvelle, heureusement inspirée de la renaissance ; Auray et sa rivière qui court avec bruit entre des rochers ; cette contrée que les habitants du pays appellent la terre des martyrs et où vivent encore dans toute leur force les souvenirs du désastre des royalistes à Quiberon, nous visitâmes, sur la foi d'Henri Martin, un coin de la *terre sacrée* des druides. Nous cherchions à réveiller en nous un peu de cette religiosité gauloise qui distingue le célèbre historien. Mais, en dépit de nos efforts, notre guide dut nous trouver bien peu enthousiastes : les *dolmen*, les *menhir*, les *pierres-levées* ne nous inspiraient qu'une médiocre admiration. Les alignements de Carnac eux-mêmes ne firent pas sur nous l'impression à laquelle nous nous étions attendus. Le guide, désespéré de notre froideur, cherchait à nous expliquer comme quoi ces monuments veulent être vus la nuit, au clair de lune, ou par un temps sombre et orageux. Et, par malheur, il faisait le plus beau temps du monde. Nous trouvâmes du reste à Carnac de quoi nous consoler de notre déception. Du haut d'un énorme tumulus, — à moins que ce ne fût une simple colline, — notre regard embrassait un horizon immense. Devant nous, la presqu'île de Quiberon enfonçait sa pointe dans la mer ; nous apercevions le fort de Penthièvre, fermant cette langue de terre dans laquelle en 1795, les Anglais avaient débarqué, comme autant de victimes désignées à l'avance, quelques centaines de royalistes. Les noms de Hoche et de Sombreuil, ces deux adversaires si dignes l'un de l'autre, nous revenaient à l'esprit.

A Rennes enfin, on nous désarma. Mais il manquerait un trait à ce que j'ai déjà dit des inepties de l'administration militaire française, si j'omettais de raconter la fin de notre odyssée. Même désarmés, nous n'étions pas libres encore : une formalité, — personne n'a jamais pu savoir laquelle, — nous restait à remplir à notre dépôt du 95e de ligne, alors à Marseille. Au nombre d'une trentaine, sous-officiers et soldats, nous traversâmes diagonalement toute la France. On était alors aux beaux jours de la révolution, et l'on nous faisait éviter avec soin les arrêts dans les grandes villes. Par la portière de notre wagon, nous aperçûmes à Saint-Etienne le drapeau rouge, de sinistre augure ; et, en effet, l'on se fusillait en ce moment même dans cette ville, et le préfet, M. de l'Espée, tombait sous la balle d'un assassin. Enfin, par une belle matinée de Provence, nous longions l'étang de Berre qui, resplendissant sous le soleil, nous donnait un avant-goût de la Méditerranée. Marseille, à ce moment, était en pleine révolution et évacuée par les troupes. Il nous fallut donc descendre à Rognac et de là courir à travers la Provence à la recherche du 95e de ligne. Il n'était pas à Aix où l'intendance et la place nous renvoyèrent de l'une à l'autre, comme de Caïphe à Pilate ; il n'était pas à Aubagne, où, après une étape de dix lieues, nous le cherchâmes vainement dans la petite armée que réunissait alors le général Espivent pour marcher plus tard contre Marseille. Nous le trouvâmes enfin à Gémenos, dans un petit coin des Alpes de Provence, qui nous apparut comme une riante oasis au milieu de cet aride pays. Que l'on se figure des torrents et des cascades partout, de petits ruisseaux qui jaillissent sous vos pieds sans crier gare ; aux premiers

jours d'avril, de la verdure comme au mois de mai ; au
loin, des montagnes couvertes de neige, une source qui naît
au milieu des rochers, à l'ombre d'une épaisse végétation,
le *frigus opacum* d'Horace ; un parc qui, au lieu d'être
sèchement entretenu, présente un fouillis inextricable, et,
au milieu de tout cela, des pantalons rouges gravissant les
sommets et les rochers, ou couchés amoureusement dans
l'herbe déjà haute..... Ces pantalons étaient ceux du 95e.

Au milieu du désarroi qui régnait à cette époque dans le
personnel de nos gouvernants en général et en particulier
de ceux du département des Bouches-du-Rhône, l'arrivée de
notre détachement jeta les chefs du 95e dans une grande
perplexité. Fallait-il nous renvoyer chacun chez nous,
comme c'était d'ailleurs notre droit de l'obtenir ? Fallait-il
nous conserver au régiment, qui se préparait à marcher
contre Marseille ? Le colonel, M. Davoust d'Auerstædt, était
de ce dernier avis ; le premier était partagé par le major,
dont l'opinion finit par prévaloir.

Un beau matin donc, nous fîmes une sorte d'auto-da-fé
de nos gibernes vides et de nos porte-sabres veufs de leurs
sabres-baïonnettes, — car il paraît que c'est pour cet impor-
tant résultat, que nous avions traversé la France, — et, le
sac au dos, le bâton à la main, nous reprîmes joyeusement
la route d'Aix. Les villageois qui nous avaient vu passer
quelques jours auparavant ne comprenaient rien à ces allées
et venues.

A Aix, l'intendance, après de longues hésitations, finit enfin
par nous délivrer nos feuilles de route.

Mais nous ne voulions pas qu'il fût dit que nous avions
été si près de Marseille sans prendre une idée de cette ville.
Vêtus en civils, nous y passâmes la journée du dimanche.
Nous n'en pouvions croire nos yeux. Cette ville que l'on
disait en révolution était en apparence calme et paisible.
Une population plutôt gaie et joyeuse remplissait les rues ;
sur la Canebière, les allées de Meilhan, le cours Belzunce,

des bouquetières, jolies comme sous la régence, circulaient
au milieu des tables d'escamoteurs ou de marchands
d'orviétan. Parfois le bruit des orgues de barbarie était
étouffé par l'éclat d'une fanfare quelconque précédée du
drapeau rouge, du *hideux* drapeau rouge, qui, sous le soleil
de Provence, prenait des airs de fête. D'ailleurs, la foule
distraite n'y faisait pas d'autre attention.

Quelques heures après notre départ, le général Espivent
entrait de vive force dans Marseille, et cette population
insouciante et spirituelle, qui s'était laissé gouverner
pendant plusieurs jours par des aventuriers exotiques, assis-
tait comme à un spectacle au bombardement de la préfecture.

C'est donc par un voyage des plus agréables et dont nous
savons un gré infini au gouvernement qui en faisait en
partie les frais, que nous avons terminé cette campagne de
six mois. Malheureusement, à Dijon et sur le reste de notre
route, nous retrouvions le ciel rembruni du nord et les
Prussiens.

ADDITION A LA PAGE 60, 1er ALINÉA.

A propos du combat qui fut livré près de Vendôme, nous aimons
à rappeler que le 10e chasseurs à pied comptait dans ses rangs
plusieurs Châlonnais. C'est dans le combat dont nous parlons que
l'un d'eux, M. Papot, alors sergent-fourrier, reçut plusieurs blessures et fut fait prisonnier.

www.ingramcontent.com/pod-product-compliance
Lightning Source LLC
Chambersburg PA
CBHW070901280326
41934CB00008B/1530